Lektine

Krank durch gesunde Ernährung

Schritt für Schritt zur lektinearmen Ernährung

Lea Blumenthal

Alle Ratschläge in diesem Buch wurden sorgfältig erwogen und geprüft. Eine Garantie kann dennoch nicht übernommen werden. Eine Haftung für jegliche Personen-, Sach- und Vermögensschäden ist daher ausgeschlossen. Die Benutzung dieses Buches und die Umsetzung der darin enthaltenen Informationen erfolgt ausdrücklich auf eigenes Risiko.

⚭ INHALT

Um was geht es in diesem Buch?

Das erwartet Sie in diesem Buch:
Es wird Ihnen detailreich und ausführlich alles Wissenswerte zum Bereich der Lektine näher gebracht. Dies umfasst die Verbesserung des gesundheitlichen Nutzens bestimmter Lebensmittel, die Methoden zur Reduzierung der enthaltenen Lektine und die richtige Zubereitung lektinhaltiger Lebensmittel. Worauf sollten Sie also achten, wenn Sie rohes Obst und Gemüse zu sich nehmen und was sind eigentlich fermentierte Lebensmittel? Dies wird

Ihnen hier umfangreich erklärt. Es wird außerdem auf die Wirkung der Lektine auf den Darm und außerhalb des Darms eingegangen und die daraus eventuell entstehenden Probleme erläutert. Es wird weiterhin die Wirkung anderer Pflanzengifte, zur Gegenüberstellung, kurz angeschnitten. Ob alle Menschen gleich auf den Pflanzenstoff Lektin reagieren und ob Lektine verantwortlich für die Entstehung und den Ausbruch verschiedener Krankheiten, wie Zöliakie und Autoimmunkrankheiten verantwortlich sind, erfahren Sie hier. Ob Sie in Zukunft lieber auf die lektinhaltigen Lebensmittel verzichten sollten? Nach dem Lesen dieses Buches, können Sie auch diesen Sachverhalt einschätzen und eine fundierte Entscheidung treffen.

Gibt es Risiken bei einer lektinfreien Ernährung und haben Lektine nicht vielleicht auch einen positiven Nutzen auf die Gesundheit? Welches Gemüse enthält diesen Stoff und in welchem Zusammenhang stehen Nachtschattengewächse mit Lektinen? Dies und vieles mehr erfahren Sie hier. Machen Sie sich also selbst ein Bild und lesen Sie aus neutraler Sicht und unvoreingenommen die

Stellungnahme zu den Thesen des Arztes Dr. Steven Gundrys über die Verträglichkeit von Lektinen.

Was ist Lektine?

Lektine sind Zucker-Eiweiß-Verbindungen also Proteine, die sich in Pflanzen und in manchen Mikroorganismen befinden. Sie sind schon seit vielen Jahren in der Ernährungswissenschaft bekannt. Die chemische Bezeichnung dieser Proteine sind Glykoproteine. Wie bei anderen Stoffen besitzt jede einzelne Art der Pflanze ihre arttypischen Lektine.

Sie binden sich spezifisch und reversibel an Kohlenhydrate und ballen Zellen zusammen (engl. agglutinate), ohne diese jedoch zu verändern. Aufgrund dieser Eigenschaft, werden sie auch Agglutinine genannt.

Es gibt Lektine, die gut vertragen werden und auch welche, die vom Menschen selbst synthetisiert werden.

Jedoch gibt es auch speziell entwickelte Lektine, die für die Pflanzen als Schutzbarriere vor Fressfeinden dienen, als natürliche und passive Abwehr, quasi als eine Art Pestizid, wenn man so sagen will. Aufgrund dessen zählen sie zu den Fraßschutzstoffen und dem Immunsystem der Pflanze. Sie sind also für den Lebenserhalt der Pflanze mitverantwortlich, denn die Fressfeinde vertragen keine hohe Aufnahme dieser Lektine. Sie können sogar in gewisser Menge zum Tode führen. So vermeiden Tiere, durch erlerntes Verhalten, gewisse Pflanzen. Solche Fraß-Gifte in Pflanzen gibt es bereits seit Urzeiten (ca. 400 Mio. Jahren), um sich vor Feinden zu schützen und so das Überleben zu sichern. Würden diese Stoffe nicht existieren, wären sicherlich sehr viele Pflanzenarten nicht so alt geworden und würden heute nicht mehr bestehen.

Sie sind proinflammatorisch – also entzündungsfördernd, neurotoxisch, immuntoxisch, zytotoxisch und es gibt gewisse Lektine die sogar die Blutviskosität erhöhen, endokrine Funktion behindern sowie die Genexpression stören. Des Weiteren haben sie einen Einfluss auf verschiedene Stoffwechselvorgänge sowie die Zellteilung. Wichtig zu erwähnen ist jedoch, dass es schädliche und harmlose Lektine gibt und all dies nur auftritt, wenn Lektine falsch und in hohen Maßen verzehrt wird.

Durch ihre starke Bioaktivität zählen einige Lektine mit zu den stärksten und bekanntesten zytotoxischen Verbindungen, wie die Mistellektine oder das Ricin.

Die Dr. Steven Gundry „Theorie"

Ein neues Buch über die versteckten Gefahren unserer Lebensmittel „The Plant Paradox" ist auf dem Markt. In diesem Buch beschreibt der Herzchirurg und Immunologe Dr. Steven Gundry, dass nicht nur industriell hergestellte Lebensmittel sondern auch die vermeintlichen gesunden Lebensmittel Gesundheitsrisiken mit sich bringen und Gemüse problematisch für den menschlichen Stoffwechsel ist. Kritikern und auch einigen Wissenschaftler fällt es schwer Gundrys Aussagen nicht mit

Schwachsinn gleichzusetzen.

Dieses Buch wird entweder von den Menschen mit Begeisterung gelesen oder es stößt auf absolute Ablehnung. Die größte Ablehnung ergattert Gundry für die kurze Aussage und These, dass Lektine Krankheiten verursachen. Da die Lektine auch sogenannte Signalmoleküle sind, die nahezu überall vorkommen, können sie nicht alleine für die von Gundry beschriebenen Probleme verantwortlich sein. Es ist und wird nicht jeder Mensch krank, der Lektine zu sich nimmt. Man kann es vergleichen mit Gluten, nur wenige Menschen leiden an einer Glutenunverträglichkeit, jedoch essen sehr viele Menschen Produkte in denen Gluten enthalten ist. Somit kann nicht Gluten der alleinige Auslöser sein, sondern die individuelle und sensible Reaktion eines jeden Organismus.

Die Antwort von Gundry ist sehr spannend, denn er behauptet zum einen, dass Gluten auch zu den Lektinen gehört und zum anderen, dass diese jedoch zu verharmlosen sind. Wie schon erwähnt wurde, dienen die Lektine zur Abwehr von Fraßfeinden. Sie lösen im Verdauungstrakt der Feine bestimmte Reaktionen aus, die für Insekten direkt tödlich oder lähmend wirken. Der Feind stirbt – die Pflanze kann sich fortpflanzen. Je größer der Feind also ist, desto mehr Gift muss aufgenommen werden, um eine direkt tödliche Dosis zu erreichen. So nahm Gundry die Casterbohne als Beispiel. Diese Bohne enthält das Lektin Rizin, welches eines der stärksten Nervengifte ist und auch aus diesem Grunde nicht als Nahrungsmittel verwendet wird.

Nun haben die Menschen jedoch im Laufe der Evolution gelernt, sich auf die Lektine einzustellen und das zum Beispiel Castorbohnen tödlich wirken. Die Entscheidung auf die Reaktion auf die Lektine fällt somit in unserem Darm. Dr. Gundry beschreibt an diesem Punkt, dass unsere Gesundheit auf Symbiose mit den Darm-Bakterien basiert, die wir Menschen eingegangen sind. Sie sind also eine Art Security oder auch Tür-Steher. Sie vermehren sich, wenn Sie bestimmte Lebensmittel zu sich nehmen und andere Lebensmittel – die Lektin enthalten – verhindern genau diese Ansiedlung der Bakterien und verdrängen so die Guten.

So liegt das gesundheitliche Problem für Gundry, in den daraus folgenden Veränderungen, wenn Sie Lektine zu sich nehmen, auch wenn sie als scheinbar harmlos gelten.

Als Beispiel könnte man die Kulturpflanze Getreide nehmen, sie hat die menschliche Entwicklung vom Jäger zu Sesshaftigkeit der Menschen erst möglich gemacht. So ist Getreide seither ein fester Bestandteil unserer Nahrung. Die Zeitspanne von rund 5000 Jahren der Zivilisation erscheint Ihnen zwar ewig, doch auf den Stoffwechsel des Homo sapiens ist es nicht länger als eine Sekunde. Das bedeutet, dass ein Organismus enorm viel Zeit benötigt, damit er sich an neue Stoffe gewöhnen und so besser mit ihnen umgehen kann. Aus diesem Grund könnten die Lektine im Getreide durchaus negative Auswirkungen hervorrufen. Die meisten Menschen jedoch tolerieren sie. Man kann jedoch sagen, je empfindlicher ein Mensch und sein Körper ist, desto eher treten symptomatische Wirkungen von Lektin auf.

Aufgrund der Entdeckung des amerikanischen Kontinents vor rund 500 Jahren, ist die Wirkung laut Gundry noch extremer. Unter die Gemüsesorten fallen zum Beispiel Kartoffeln,

Zucchini, Aubergine, Paprika aber allen voran die Tomate. Die in diesen Lebensmitteln enthaltenen Lektine waren dem Körper unbekannt. So fördern die „neuen" Lektine im Darm die Entstehung von Abwehrreaktionen des Immunsystems sowie Entzündungen. Lektine sollen aber laut Gundry nicht nur auf dem natürlichen Wege den biochemischen Stoffwechsel betreffen. Sondern alle Toxine die Sie aus der Umwelt, über Pflege- und Haushaltsprodukten sowie nicht rezeptpflichte Arzneimittel aufnehmen verschlimmern das Problem des Verdauungssystems, so Gundry. In seinem Buch identifiziert und beschreibt er „sieben tödliche Disruptoren", die den natürlichen und gesunden Stoffwechsel negativ beeinflussen. So werden sie aufgenommen in dem Glauben, dass sie helfen.

Diese sieben Disruptoren sind Gundrys Ansicht nach

• Nichtsteroidale Entzündungshemmer
Wie Ibuprofen, Diclofenac, sie greifen die Schleimhaut des Dünndarms an und machen ihn

durchlässig für Allergene und andere Moleküle, die in dem Blutkreislauf Reaktionen des Immunsystems hervorrufen.

- <u>Breitband-Antibiotikas</u>

Die einen dauerhaften und uneingeschränkten Einsatz hatten und laut Gundry „den Darm mit einem Bombenteppich überzogen und durchlöchert haben."

- <u>Magensäureblocker</u>

Zum Beispiel Protonenpumenhemmer (PPIs). Diese verändern den pH-Wert des Dünndarms, wodurch die Ansiedlung und Bedingung für Bakterien geschaffen werden. PPIs hemmen jedoch nicht nur die Magensäureproduktion, sondern sie können auch die Protonenpumpen der Mitochondrien zerstören wodurch ein Leistungsabfall, so wie es bei dem chronischen Erschöpfungssyndrom üblich ist, verursacht wird. Dies war jedoch nicht genug laut Gundry, denn die PPIs durchbrechen die Blut-Hirn-Schranke, wodurch ebenso ein kognitiver Leistungsabfall aber auch ein erhöhtes Demenzrisiko zu befürchten ist.

- Süßstoffe ohne Kalorien

Sie erhöhen das Verlangen nach Zucker, anstatt es zu reduzieren. Laut Gundry liegt es daran, dass die Geschmacksknospen der Zunge einen Impuls an das Gehirn senden, der erst gestillt wird, wenn die Glukoserezeptoren im Gehirn gesättigt werden. Süßstoffe enthalten jedoch keine Glukose, sodass der Heißhunger auf etwas Süßes nicht gestillt wird.

Des Weiteren bewirken Süßstoffe hormonelle Störungen der inneren Uhr und des Biorhytmus.

Gundry sagt dazu, dass süß ein Geschmacksempfinden ist, welches den anstehenden Winter ankündigt. Denn zur früheren Zeit waren ausschließlich Früchte süß und Früchte sind naturgemäß nur im Sommer vorhanden worauf immer eine Nahrungsknappheit und der Winter folgte. Man kann also sagen, dass der Verzehr von Früchten die Aufforderung und Genehmigung zum Fettaufbau stellt. Es lösen also Süßstoffe durchgehend das Signal zur Fettbildung aus, weil der „angeblich anstehende" Winter naht. Somit ist für Gundry auch der reguläre Zuckerkonsum über Früchte, auch außerhalb der Saison, nach seiner Meinung der Grund für Übergewicht der allgemeinen Gesellschaft.

- <u>Herbizide</u>

Wie zum Beispiel Glyphosat, genmanipulierte Organismen (GMOs) zerstören die Darmflora und schädigen so die Darmschleimhaut wodurch Schadstoffe und Allergene in den Blutkreislauf gelangen. Glyphosat schädigt außerdem gewisse Leberenzyme, die dafür zuständig sind, dass Vitamin D aktiviert und Cholesterin recycelt wird, es soll weiterhin Krebserregend sein.

- <u>Blaues Licht</u>

Vom Smartphone, Tablet, Computer und Fernseher stört den Biorhytmus und die Produktion des Schlafhormons Melatonin beeinflusst. Daraus resultiert Schlafmangel und vermindert die Regenerationsfähigkeit und damit steigt die Anfälligkeit an bestimmten Krankheiten zu erkranken und an Gewicht zuzunehmen.

- In Plastik enthaltene Weichmacher und andere Stoffe wie die Zusatzstoffe in Kosmetika, jegliche Konservierungsstoffe, Sonnenschutzmittel sowie Teflon, beeinflussen den Hormonhaushalt. Die daraus resultierenden Folgen können Unfruchtbarkeit bei Männern und Frauen,

Fettleibigkeit, sowie Schilddrüsen- und Prostataprobleme, Störungen des Immunsystems und hormonresponsive Arten von Krebs bei Frauen.

Es ist spannend und interessant wie Gundry in seinem Buch den Zusammenhang von ungesunden Bakterien und Lektinen sowie den Abfallprodukten der Bakterien in einen Zustand der permanenten Immunabwehr versetzt. Dieser soll gleichzeitig zu einer Insulin- und Leptin-Resistenz und metabolischem Syndrom führen, da die Immunzellen viel Energie benötigen und entsprechende Signale an den Stoffwechsel senden. So ist laut Gundry Fettleibigkeit nicht die Ursache, sondern eher die Folge von einer Insulin- und Leptin-Resistenz und eine Folge von dem Verzehr von Lektinen und anderen Umweltgiften, woraus eine Überbeanspruchung und Störung des Immunsystems resultiert.

Die Lösung für das Problem liegt laut Gundry also offen auf der Hand. Verzichten Sie auf Lektine, die das Immunsystem stören. Gleichzeitig möglichst auf die sieben Disruptoren zu verzichten und damit die Voraussetzung für die

Wiederherstellung der symbiotischen, immunstärkenden Darmflora zu schaffen. Ob und welche Lektine auf lange Sicht von einem gesunden Darm toleriert werden, zeigt sich allerdings erst nach mindestens 6 Wochen, des „Plant Paradox Programm"

Können Probleme entstehen?

V asco da Gama entdeckte den Seeweg nach Indien und Kolumbus entdeckte Amerika. Das war der Beginn, des weltweiten Transports von verschiedenen Gemüse-, Frucht- und Obstsorten.

Sie fragen sich vielleicht was daran negativ ist. Schlecht ist daran, dass sich die verschiedenen Völker über viele tausend Jahre genetisch an die Lebensmittel, die in natürlicher Form in deren Region vorkommen, gewöhnt haben. Das bedeutet, dass auch das Immunsystem und die guten

Bakterien sich genau darauf eingestellt haben. Ohne diese Bakterien – mit denen wir genetisch und symbiotisch verbunden sind – würden wir sehr schnell und ernsthaft krank werden.

Diese Bakterien nennt man auch Biom oder Mikrobiom und haben allein im Darm ein Gewicht von 2 Kg. Sie sind für uns von extrem hoher Bedeutung, denn sie spalten und zerlegen die aufgenommene Nahrung bis auf die Molekülebene. Daraus werden die Filterung und die Trennung im Darm sowie die Übertragung lebenswichtiger Nährstoffe in den Blutkreislauf und die Entsorgung von Schadstoffen erst möglich.

Die genetische Prägung des Bioms und der traditionellen Nahrung, mit allen enthaltenen Stoffen der Pflanze, hat sich über 100.000 bis eine Million Jahren über die verschiedenen regionalen und örtlichen Bedingungen der Länder selektiv und unabhängig voneinander entwickelt. Das bedeutet auch, dass nicht innerhalb „kurzer" Zeit der Organismus sich genetisch auf neue Stoffe einstellen kann.

Ein paar Beispiele:

• Seit ca. 500 Jahren, sehr intensiv jedoch seit etwa 50 Jahren, werden alle möglichen Lebensmittel weltweit in alle Länder transportiert und verzehrt, die in vielen Regionen nicht existierten oder vorher auch nicht bekannt waren. So können Sie heute in jedem Supermarkt Lebensmittel kaufen, die rein vom Nährstoffgehalt sehr hochwertig sind, jedoch rein aus der genetischen Sicht durchaus negative Folgen haben können, wenn Sie einen eher empfindlichen Körper bzw. Magen-Darm-Trakt besitzen.

• In Mexiko und dem Orient, wo traditionell sehr scharf und sehr würzig gegessen wird, hat sich die Darmflora genetisch auf diese Art der Ernährung eingestellt und verursachen daher keine unerwünschten Wirkungen. Dies ist bei den meisten Europäern nicht der Fall.

• Das Biom der Japaner ist in der Lage, Algen zu verstoffwechseln, auch dies können die Menschen aus Europa in der Regel nicht. Diese müssen, sofern sie Algenprodukte zu sich nehmen möchten, auf Pulver oder mechanisch aufgebrochene Produkte zurückgreifen, sonst können sie nicht aufgespalten und verdaut werden. Da die bestimmten Algen jedoch seit sehr vielen Jahren traditionell in der Ernährung der Japaner vorkommen, hat sich der Körper im Laufe der Zeit an genau diese Verwertung gewöhnt.

Daran erkennt man, wie unterschiedlich die Organismen sein können und dass nicht alle Personen alles vertragen, sondern aufgrund ihrer genetischen Eigenschaften eher etwas vertragen und anderes auch nicht. Es muss allerdings erwähnt werden, dass auch diese beiden Punkte natürlich nicht zu 100 Prozent immer und auf jeden zutreffen, denn jeder Körper und Organismus ist individuell.

Wirkung von Lektine in Ihrem Darm

Die Lektine können nicht komplett verdauet werden, denn sie widerstehen dem niedrigen und saurem pH-Wert im Magen und gelangen so in den Darm. Dort binden sie sich an die Darmschleimhautzellen und schränken so deren Funktion ein. Dies verursacht einen verschlechterten Austausch, eine schlechtere Vermehrung und den Verlust der Zellen. Es führt zu einer Schädigung der Darmzotten den sogenannten Mikrovillis. Werden also schädliche Stoffe und Moleküle wiederholt verzehrt, kann es zu einer verstärkten Durchlässigkeit der Darmwand kommen, die Lektine gelangen schlussendlich in die Blutlaufbahn.

Sofern die Mikrovillis in einem gesunden Zustand sind, sorgen sie für eine Vergrößerung der Darmoberfläche. So können die Nährstoffe besser aufgenommen und der allgemeine Stoffaustausch gefördert werden. Doch sind diese Darmzotten beschädigt, wird genau diese Aufgabe beeinträchtigt und der Darm kann nicht mehr seinen vollen Dienst leisten. Das hat zur Folge, dass die Darmbarriere gelockert wird und das Leaky-Gut-Syndrom fördert.

Was versteht man unter Leaky-Gut-Syndrom ?
Das Leaky-Gut-Syndrom beschreibt auf Grund von entstandenen Löchern, die Durchlässigkeit der Darmwand, wodurch Schadstoffe und Toxine in die Blutlaufbahn und so in den gesamten Körper getragen werden.

Dies ist der Grund, weshalb Lektine auch als Anti-Nährstoffe bezeichnet werden. Aber auch nicht komplett aufgespaltene Nahrungsbestandteile, können durch die gelockerte Darmbarriere dringen und in den Blutkreislauf gelangen. Wie zum Beispiel die Polypeptide, die ebenso in der Lage sind eine immunologische Reaktion hervorzurufen.

Weshalb werden Lektine auch als Anti-Nährstoffe beschrieben?

Sie haben selbst keinen Nährwert, verhindern jedoch die Aufnahme anderer wichtiger Nährstoffe, wodurch das Bakterien-Gleichgewicht der Darmflora verändert wird. Unverdaute Lektine begünstigen außerdem die Vermehrung und somit auch eine Überproduktion bestimmter Darm-Bakterien, wie zum Beispiel Escherichia Coli, und können Entzündungsreaktionen unterstützen.

Wirkungen außerhalb des Darms

Wenn die Darmwände geschädigt worden sind, können die Lektine auch in die Blutlaufbahn gelangen und sich dort an Blutzellen, wie zum Beispiel die roten Blutkörperchen (Erythrozyten), binden und Verklumpungen hervorrufen. Diese entstandenen Verklumpungen behindern den Sauerstoff- und Nährstofftransport des Blutes zu den Organen. In der Dunkelfeldmikroskopie findet man dieses „Phänomen" der verklumpten Erythrozyten häufiger. Sollten Sie sich schon einmal mit der

Naturheilkunde beschäftigt haben, haben Sie dies vielleicht schon mal gehört, denn anhand dieser Verklumpungen kann man darauf schließen, dass der Stoffwechsel beeinträchtigt, der Organismus im Allgemeinen belastet und der Säure-Basen-Haushalt im Ungleichgewicht ist.

Durch diese bindende Eigenschaft der Lektine, entstand die Blutgruppendiät. Denn Peter D'Adamo glaubte, dass der Grund hierfür die Blutgruppe sei und das die Blutgruppe dafür verantwortlich ist, ob ein Lebensmittel vertragen wird bzw. auf welche Lektine negativ reagiert wird oder nicht. Diese Aussage und Vermutung konnte jedoch nicht wissenschaftlich belegt werden. Lektine sind in der Lage, sich auch an andere Zellen zu binden und so die Organe zu schädigen und zu einer Insulinresistenz – eine Vorstufe des Diabetes – zu führen. Des Weiteren kommt es zu Wechselwirkungen mit verschiedenen Enzymen. So führt es zu Veränderungen der betroffenen Organe und des Stoffwechsels, was zur Folge hat, dass die körpereigenen Immunfunktionen und die Wachstumsfähigkeit eingeschränkt werden. Aufgrund der Wirkung auf den Stoffwechsel, können sie die Zellen zum Fett speichern anregen.

Lektine sollen zudem entzündungsfördernde, zell- und nerventoxische Eigenschaften aufweisen und das Immunsystem schwächen und so aus dem Gleichgewicht bringen.

Es muss jedoch erwähnt werden, dass alle Untersuchungen ausschließlich auf isolierte und konzentrierte Lektinen beruhen. Diese Lektine kommen in Ihrer Ernährung in sehr geringer Menge und viel geringerer Konzentration vor und immer in Verbindung mit anderen Nährstoffen. Aus diesem Grund können diese Studien nicht immer direkt auf die Lektine in der Nahrung übertragen werden.

Wie schon erwähnt, ist die schädigende Wirkung unter anderem von dem Zustand des Darmes abhängig. Ob Ihr Körper gut gegen diese Lektine gewappnet ist hängt unter anderem von diesen Faktoren ab.

• Haben Sie ausreichend sekretorisches Immunglobulin A, kurz sIgA, können Lektine normalerweise gut gebunden und ausgeschieden werden. Sollten Sie also nach dem Verzehr von

Nachtschattengewächsen, Hülsenfrüchten und Co. Probleme haben und den Grund dafür nicht wissen, sollten Sie unbedingt den sIgA-Wert bestimmen. Liegt hier ein Mangel vor, kann dies schon der Grund dafür sein.

• Menschen die an einem einseitigen Immunsystem, also einer Th1-Dominanz leiden, reagieren empfindlicher auf diesen Pflanzenstoff als die Menschen, die einen Th2-Dominanz- oder ausgewogenen Typ besitzen.

• Sollten Sie noch an einer nicht vollständig abgeklungenen Viruserkrankung leiden, kann das die Reaktion und somit die Empfindlichkeit auf Lektine deutlich steigern. Auch sogenannte Slow-Virus-Infections wie Herpes, Epstein-Barr oder Zytomyalgie rufen solch eine Empfindlichkeit hervor und sind zusammen mit den „echten" Viruserkrankungen die häufigste Ursache für die Entstehung von Reizdarm.

• Menschen die Parasymphatikus-Dominant sind, reagieren ebenso empfindlich auf Lektine. Dies sind Personen, die an Depressionen, Fibromyalgie und chronischer Erschöpfung leiden. Es können allerdings auch gesunde Menschen einen natürlich dominanten Parasymphatikus besitzen. Diese Personen zeigen Symptome wie einen niedrigen Blutdruck, die Neigung zu Allergien und Naselaufen, Schwindel, hohe Darmaktivität, Asthma-Erkrankungen sowie einen schwachen Muskeltonus, ein hohes Schlaf- und Ruhebedürfnis und eine Abneigung gegen zu hohe Temperaturen. Dies sind allerdings nur ein paar Beispiele.

• Die Einnahme oder der Missbrauch von Nicht-steroidalen-Entzündungshemmern, wie Ibuprofen, Paracetamol oder auch Dicolfenac. Diese Entzündungshemmer machen den Darm empfindlicher gegen Lektine.

• Erstaunlicher Weise ist bekannt, dass die Personen empfindlicher auf Lektine reagieren, deren Vorfahren viel Eiweiß und Fett aber eher wenig Kohlenhydrate verzehrt haben. Sie sind also genetisch sensibler auf diesen Stoff.

Wenn Sie Lektine nicht vertragen, treten unter anderem Sodbrennen und Magenschmerzen, wie Blähungen und Durchfall auf. Nicht zu verwechseln sind die Symptome einer akuten Lektinvergiftung und die der Unverträglichkeit.

Nun aber nochmal eine positive Eigenschaft: Lektine aus bestimmten Bohnen regen die Zellteilung der Lymphozyten an und unterstützen so das Immunsystem.

Was sind Lymphozyten und welche Aufgabe haben sie?

Sie sind zelluläre Bestandteile des Blutes und gehören zu der Gruppe der Leukozyten, also den weißen Blutkörperchen und dienen der Infektabwehr. Die Lymphozyten werden kategorisiert in T-Zellen, B-Zellen und die Killerzellen. Sie stellen rund 25 bis 40 Prozent der Leukozyten im peripheren Blut dar.

Was sind Nachtschattengewächse?

D er Begriff Nachtschattengewächse oder auch Solanaceae genannt, beschreibt eine Pflanzenfamilie, die aus vielen hundert Pflanzenarten besteht. Hauptsächlich gehören zu dieser Pflanzenfamilie Zierpflanzen wie die Engelstrompete oder Petunie, aber auch Wildpflanzen von denen einige als sehr giftig gelten wie zum Beispiel die Tollkirsche oder Bilsenkraut. Doch auch einige Lebensmittel, die auch Ihnen als Nahrungsmittel dienen, gehören zu dieser Pflanzenfamilie.

Schon lange gibt es ein paar Menschen, die den Nachschattengewächsen gegenüber von Grund auf negativ und schlecht eingestellt sind. Der Begründer der Anthroposophie Rudolf Steiner (1861-1925), riet von dem übermäßigen Verzehr dieser Gewächse ab. Er hielt vor allem die Kartoffel für schlecht, da eine Knolle wie die Kartoffel nie zu einer Wurzel, wie Karotte oder Pastinake, geworden sei. Die Knolle solle ausschließlich die materialistische Denkweise fördern und nicht wie Wurzelgemüse die geistige Entwicklung fördern. So bekomme der Geist keine Nahrung mehr, doch auch die anderen Nachtschattengewächse betrachtete er von Grund auf schlecht.

Rudolf Steiner meinte, er habe seine Erkenntnisse auf übersinnlichen Wegen erlangt und begründete so seine Lehre.

Das sind natürlich nur Mutmaßungen und Theorien seinerseits. Beweise für seine Theorien gibt es keine und sie gelten auch eher als nicht der Wirklichkeit entsprechend.

Auch Dr. Steven Gundry ist der Auffassung, dass konkrete Inhaltsstoffe in den Nacht-schattengewächsen problematisch bis schädlich seien.

Zu den essbaren Nachtschattengewächsen gehören:

- Paprika
- Chili
- Peperoni
- Tomaten
- Physalis
- Kartoffeln
- Auberginen
- Gojibeere
- Baumtomate
- Birnenmelonen
- Pfeffersorten, außer schwarzer Pfeffer

Zu beurteilen, ob und wie schädlich diese Nachtschattengewächse wirklich sind, ist nicht Aufgabe dieses Buches. Fakt ist jedoch, dass diese Nachtschattengewächse auch relativ viele Lektine enthalten. Sollten Sie mit der Aufnahme von Lektinen Probleme haben, sollte zu allererst diese Pflanzenkategorie ins Auge gefasst werden.

Die alltäglichen Pflanzengifte

Viele Pflanzen entwickeln zur Abwehr von Fressfeinden Abwehr- bzw. Giftstoffe. Ein Beispiel dafür, sind die grünen Stellen der Kartoffel. Auch Zucchini könnten giftige Bitterstoffe bilden. Diese besitzen vor allem für Menschen mit einem geschwächten Immunsystem negative Eigenschaften. Es muss allerdings erwähnt werden, dass aus Gemüse und dem Obst aus dem Handel, in der Regel diese giftigen Bitterstoffe weggezüchtet worden sind und sie auch nicht zu vergleichen sind, mit wildwachsenden Pflanzen. Wie der Name jedoch schon vermuten lässt, würden diese Nahrungsmittel bitter schmecken, so kann das Gift schnell herausgeschmeckt werden.

SOLANIN

Neben den Lektinen wird in pflanzlicher Nahrung auch das Solanin bemängelt. Solanin gehört zu der Gruppe der Alkaloide. Früher gab es häufiger Vergiftungen mit Solanin, doch heutzutage ist es sehr selten geworden. So enthalten die modernen Tomaten- und Kartoffelsorten sehr wenig Solanin. Es sollte darauf geachtet werden, dass alle grünen Stellen und Austriebe der Kartoffel entfernt werden und nur reife Tomaten verwendet werden. Aufgrund dieses Wissens, gibt's heute in der Regel keine Probleme mehr mit Solanin, bis auf die Menschen die tatsächlich empfindlich auf Lebensmittel mit diesem Stoff und allgemein auf Solanin reagieren.

Es soll genau wie Lektin für entzündliche Erkrankungen verantwortlich sein und Fibro-myalgie, Migräne, sogar Depressionen und Gelenksschmerzen verursachen. Dies wird in einschlägigen Portalen immer wieder diskutiert.

Auch andere Nahrungsmittel neben den Nachtschattengewächsen enthalten das Solanin. Dies sind zum Beispiel Äpfel, Kirschen oder Blaubeeren. Wissenschaftliche Beweise, dass diese Früchte schädlich sind und die Gesundheit gefährden könnten, gibt es dafür jedoch nicht. Das Gegenteil ist der Fall, denn die Vorteile dieser Früchte überwiegen. Es gibt natürlich immer ein paar Menschen die dieses oder jenes Lebensmittel nicht vertragen, aber dafür ist nicht primär der enthaltene Stoff schuld, sondern die individuelle Unverträglichkeit und die extrem hohe Einnahme.

Sie können den Solaningehalt in Kartoffeln senken, indem Sie die Kartoffeln dunkel lagern und ohne Schale verzehren. Um auf die wichtigen Mineralien in der Schale nicht gänzlich zu verzichten, können Sie die Kartoffel mit Schale kochen und anschließend pellen. Vor dem Kochen sollten natürlich alle grünen Stellen und Keime großzügig entfernt werden. Sie sollten außerdem das Kochwasser nicht weiter verwenden, denn darin ist ein Teil des gelösten Solanins enthalten. Haben Sie Kinder, sollten diese vor allem nur geschälte Kartoffeln essen, denn Kinder reagieren, aufgrund des geringeren Köpergewichts, häufig empfindlicher. Schmecken die Kartoffeln bitter, sollten Sie nicht weiter gegessen werden. Auch hier ist wieder der bittere Geschmack ein guter Indikator für ein Lebensmittel, welches negative Auswirkungen auf den Körper haben kann.

Bei Tomaten ist zu beachten, dass sie im reifen Zustand unbedenklich sind, der grüne Strunken sollte jedoch nicht mitgegessen und herausgeschnitten werden. Grüne Tomaten hingegen, sollten niemals auf dem Teller landen. Weder im rohen noch in gekochtem Zustand.

Es gibt jedoch auch reife Tomaten, die grün sind. Die Sorten heißen Evergreen, Green Zebra oder Green Grape und sollten nicht mit noch nicht reifen Tomaten verwechselt werden.

PHYATE / PHYTINSÄURE

Auch die Phytinsäure bzw. Phyate gehören zu den sekundären Pflanzenstoffen und kommen so wie die Lektine hauptsächlich in den äußeren Randschichten von Hülsenfrüchten, Samen oder Vollkorngetreide vor. Die Phytinsäure schützt den zum Wachstum notwendigen Energiespeicher und schützt die Pflanze vor Fressfeinden, wie zum Beispiel Insekten und andere Tiere. Im Magen und Darm bindet sie die mit der Nahrung aufgenommenen Stoffe wie Magnesium, Zink, Eisen und Calcium aufgrund ihrer komplexbildenden Eigenschaften. Die Folge ist, dass sich diese Stoffe in ungelöster Form im Körper befinden und ihm so nicht mehr zur Verfügung stehen. Bei großen Mengen an verzehrten phytinhaltigen Lebensmitteln kann es auf lange Sicht zu einem Mineralmangel kommen. Des Weiteren kann es auf gewisse Enzyme, vor allem auf die Verdauungsenzyme wie Pepsin und Trypsin, hemmend wirken.

Wie auch Lektin, hat Phytinsäure positive Eigenschaften. Es soll antioxidativ und antikanzerogen wirken. Derzeit wird eine gesundheitsfördernde, blutzuckersenkende und immunstärkende Wirkung diskutiert.

TANNINE

Tannine haben einen sehr markanten Einfluss auf die Textur und das Mundgefühl, während des Essens von Nahrungsmitteln. Sie schmecken pelzig, trocken und stumpf, dies bezeichnet man auch als adstringent. Sie kommen in verschiedenen Bäumen, Sträuchern und Büschen vor. Aber auch in Lebensmitteln wie Nüssen, Weintrauben, Beeren, aber auch in Hülsenfrüchten, Kräutern und sogar in Schokolade befindet sich dieser Pflanzenstoff. Wenn Sie Fisch oder Fleisch kaufen, welches über tanninenhaltigem Holz geräuchert wurde, können sich auch an dessen Oberfläche Tannine befinden. Auch in Wein und Tees spielen sie eine Rolle.

Dieser sekundäre Pflanzenstoff bindet Eiweiße und schützt die Pflanze vor Fraßfeinden. Sie werden erst bei der Zerstörung entsprechender Zellen aktiv, denn so beeinträchtigen sie nicht den eigenen Stoffkreislauf. Eine verminderte Nährstoffaufnahme ist bei Wiederkäuern zu beobachten, aufgrund dessen werden auch die Tannine als Anti-Nährstoffe bezeichnet. Abhängig von der eingenommenen Menge, kann der Verzehr zu Magenproblemen und Magenschmerzen, sowie Leber- und Nierenbeeinträchtigungen kommen.

Auf die Haltbarkeit, Reifung, Farbe und Textur von Weinen haben sie ebenso Einfluss. Wenn Sie sich Tee zubereiten und ihn länger stehen lassen, werden die Tannine freigesetzt. Die Folge ist ein herber Geschmack des Tees.

Aber auch bei diesem Pflanzenstoff gibt es wieder zwei Seiten. Die eine negative und eine positive Seite. Die positiven Eigenschaften in der Form von Anthocynidine, wirken sich positiv auf die Blutgefäße aus. Es gibt verschiedene Untersuchungen auf die tumorhemmende, antiinflammatorische und blutdrucksenkende Wirkung.

POLYPHENOLE

Die Polyphenole kommen in nahezu allen Pflanzen vor. Die Pflanzen mit dem größten Gehalt, sind die, die einen leicht herben Geschmack oder eine kräftige Färbung aufweisen. Dies wären zum Beispiel Himbeeren, Brombeeren und Äpfel beim Obst. In der Gemüsespalte befinden sich dort Brokkoli, Grünkohl und Tomaten mit dem höchsten Polyphenolgehalt. Im Körper wirken sie als Antioxidans und als Radikalfänger. Durch diese Eigenschaften können sie verhindern, dass Zellstrukturen durch chemisch aktive Sauerstoffverbindungen beschädigt werden und können so das Immunsystem stärken. In Untersuchungen fiel auf, dass Polyphenole und Vitamine sich in ihrer Wirkung gegenseitig unterstützen und stärken. Des Weiteren deuten Studien auf eine Senkung des Arteriosklerose-Risikos und auf die Hemmung von Krebszellen hin. In diesen Studien konnte ebenso ein positiver Einfluss auf den Cholesterin- und Blutzuckerspiegel beobachtet werden.

Bei Menschen die unter einer hohen Stressbelastung stehen, Leistungssportler sind oder rauchen, wird empfohlen, die Ernährung auf einen höheren Verzehr von Lebensmitteln die reich an diesem sekundären Pflanzenstoff sind, auszurichten.

CAROTINOIDE

Die carotinhaltigen Lebensmittel erkennen Sie in der Regel an der Farbe. Denn das Carotin ist ein roter, orangener und gelber Pflanzenfarbstoff. Er kommt in Lebensmitteln wie Tomaten, Karotten, Paprika, Kürbis, sowie Aprikosen und Grapefruit vor. Doch auch ein paar grüne Blattgemüse-Sorten wie Grünkohl oder Spinat, besitzen diesen Stoff. Beim Menschen wirkt sich dieser Pflanzenstoff positiv auf altersbedingte Augenerkrankungen aus. Es verringert das Risiko auf Herz-Kreislauf-Erkrankungen, des Weiteren ist derzeit in Diskussion, ob es ebenso das Risiko für bestimmte Krebserkrankungen, Gefäßveränderungen und das metabolische Syndrom reduziert.

Es gibt über 700 verschiedene „Arten" der Carotinoide, davon besitzen ca. 50 eine Provitamin A-Aktivität. Unterschieden werden dort zwei

Untergruppen. Einmal die sauerstofffreie und einmal die sauerstoffhaltige Untergruppe.

Sauerstofffreie Carotinoide kommen hauptsächlich in rotem, orangenem und gelbem Obst und Gemüse vor. In grünem Blattgemüse befinden sich hauptsächlich die sauerstoffhaltigen.

Nach neuen Erkenntnissen in der Wissenschaft, gibt es Ergebnisse, dass Carotinoide nicht nur in Pflanzen sondern auch bei Tieren – in diesem Falle der Laus – synthetisiert werden. Dies war der erste Nachweis über eine endogene Cartotinoidsynthese in einem tierischen Organismus. Hieraus lässt sich schließen, dass auch in tierischen Organismen die Carotinoide spezielle und spezifische Funktionen besitzen. Diese sind jedoch noch nicht erforscht, die Forschung steht dort noch am Anfang.

In einem Ernährungsbericht aus dem Jahr 2012, wurden Studien aufgelistet, die viele Hinweise auf einer vorbeugenden/ präventiven Eigenschaft gegenüber Gefäßveränderungen, dem Metabolischem Syndrom sowie des Auftretens von Krebserkrankungen, bei einer alimentären Carotinoidzufuhr – also einer Zufuhr mit dem Essen – beschreiben.

FLAVONOIDE

Pflanzen, die diesen Stoff enthalten, weisen eine hellgelbe, rote, blaue oder violette Farbe auf. Zu den Lebensmitteln zählen Birnen und Äpfel, Trauben, Zwetschgen, Auberginen, verschiedene Beeren sowie Kirschen. Sie wirken antioxidativ, blutdrucksenkend, antibiotisch, entzündungshemmend und haben einen positiven Einfluss auf die kognitive Fähigkeit. Es soll ebenso das Risiko auf bestimmte Krebserkrankungen sowie Herz-Kreislauf-Erkrankungen verringern.

Sie gehören in die Untergruppe der Polyphenole. Die meisten Flavonoide liegen als Oligomere, die sogenannten Proanthocyanidine vor und sind somit die am meisten in Lebensmitteln vorkommenden Polyphenole.

In Ernährungsberichten aus dem Jahr 2012, wurde beschrieben, dass das Risiko an Herz-Kreislauf und bestimmter Krebserkrankungen zu erkranken, bei der Einnahme von Flavonoiden, reduziert wurde. Bei Übergewicht und bestimmten Lebensstilfaktoren wird die Wirkung dieses Pflanzenstoffes jedoch beeinflusst. Aufgrund von fehlenden Interventionsstudien zu der Wirkung, ist eine eindeutige Bewertung einzelner Flavonoide nicht möglich, sprich laut aktuellem Wissensstand wird ihnen lediglich eine präventive Eigenschaft zugesprochen bzw. vermutet.

PHYTOSTEREOLE

Dieser Pflanzenstoff ist ein Membranbaustoff und ein Pflanzenhormon, welches in seinem Aufbau und chemischer Struktur dem tierischen Cholesterol ähnlich ist. Er ist in Pflanzensamen wie Sonnenblumenkerne und Sesam enthalten, aber auch in Nüssen und Vollkorn. Vergleichend zum echten Cholesterol weisen die Phytosterole nur eine sehr geringe Bioverfügbarkeit auf. Es soll die Cholesterinabsorption im Darm hemmen und so den Cholesterinspiegel senken.

Ein erhöhtes Risiko auf Arteriosklerose besteht, wenn die entsprechend hohe und pathologische Konzentration im Blut besteht.

GLUCOSINOLATE

Dienen wie die Lektine als Abwehrstoffe gegenüber Fraßfeinden. Sie kommen in Radieschen, Rettich, allen Kohlsorten, Kresse und Senf vor und geben diesen Lebensmitteln den typischen „scharfen" Geschmack. Die genaue Wirkungsweise auf den Organismus, muss noch weiter erforscht werden. Es besteht jedoch durch eine neue Technologie, die Hochdurchsatzmethoden zur Quantifizierung aller Proteine, die Möglichkeit, dass genauer an den Wirkungsweisen geforscht werden kann.

Aus dem Ernährungsbericht aus dem Jahr 2012 gehen Hinweise auf die Glucosinolatzufuhr und dem Risiko an gewissen Krebserkrankungen wie Dickdarm- und Prostatakrebs hervor. Genetische Faktoren der Metabolisierung von Glucosinolate, scheinen einen Einfluss auf das protektive Potential zu besitzen. Die Wirkung dieses Stoffes auf Herz-Kreislauf-Krankheiten ist nicht ausreichend erforscht, seit 2012 gab es keine neuen Übersichtsarbeiten die dieses Thema behandeln.

RIZIN/ RICIN

Dieses Pflanzengift zählt zu den giftigsten Giften die es in der Pflanzenwelt gibt und wird in die höchste Kategorie der Giftigkeit eingeordnet. Ricin stammt aus den Samen einer heutzutage kultivierten Zierpflanze, die des Wunderbaums oder auch Ricinus communis genannt. Diese Pflanze stammt aus der Familie der Wolfsmilchgewächse, es besteht aus zellbindenden und giftigkeitsvermittelnden Komponenten. Aus chemischer Sicht, gehört Ricin zu den Lektinen.

Ist dieses Gift von einem Menschen aufgenommen worden, ist das Absterben kontaminierter Zellen die Folge. So reicht es für eine tödliche Dosis schon aus, wenn ein Mensch 0,3 bis 20 mg pro Kg Körpergewicht aufnimmt. Diese Menge entspricht in etwa acht Samenkörnern, jedoch enthält jeder Samen eine andere Menge des Gifts. Anders sieht es jedoch bei Kindern aus, bei ihnen kann es je nach Größe und Zustand, schon ab eines halben Samenkorns zu einer tödlichen Dosis kommen. Des Weiteren ist Ricin in dem deutschen Kriegswaffenkontrollgesetz aufgeführt. Ob die eingenommene Menge tödlich endet, hängt davon ab, wann das Erbrechen einsetzt und wann aus medizinischer Sicht dagegen gesteuert wird.

Die Samen sind etwa einen bis zwei Zentimeter groß und ähneln optisch einer vollgesogenen marmorierten Zecke. Aufgrund dieser Optik, hat die Pflanze ihren Namen bekommen. Denn ricinus steht für das Wort Zecke. Problematisch ist, dass diese Samen angeblich einen leckeren und nussigen Geschmack aufweisen, sodass man rein am Geschmack nicht erkennen kann, dass diese extrem giftig sind und im schlimmsten Fall akute Lebensgefahr besteht.

Die Symptome treten wie bei den meisten Vergiftungen nicht sofort auf. Bei Rizin dauert es einige Stunden, bis sich die ersten Vergiftungssymptome bemerkbar machen, in der Regel zwischen vier bis acht Stunden. Die Symptome ähneln ganz am Anfang einer Magen-Darm-Grippe. Die ersten Anzeichen sind Übelkeit, Bauchschmerzen und Durchfall. Nach vier Stunden der Einnahme kann es dann zu blutigem Erbrechen und blutigen Durchfall, sowie Koliken kommen. Hohes Fieber stellt sich ein und es kommt zu einem Kreislaufkollaps mit einhergehender Leber-,

Nieren-, Magen-, und Darmschädigungen. Schleimhautreizungen im Mund- und Rachenraum, die Änderung der Syntheserate essentieller Enzyme und auch eine charakteristische Leukozytose treten meistens bei einer Vergiftung ebenso auf. Die Erste-Hilfe-Maßnahme, sind die Einnahme von Aktivkohle, welche die toxischen Stoffe in gewisser Form bindet und die anschließende und sofortige Magenspülung in einer Klinik. Unbehandelt und bei ausreichender Menge an eingenommenem Gift, verstirbt ein Mensch nach etwa 48 Stunden nach der Einnahme. Das ist natürlich davon abhängig wie viel Ricin eingenommen wurde.

Kennen Sie Rizinusöl? Ja, auch dieses Öl stammt aus den Rizinus-Samen. Dieses laxierende Samenöl weist jedoch aufgrund von verschiedenen Verarbeitungsweisen, wie der Kaltpressung und der anschließenden Wasserdampfbehandlung, kein giftiges Ricin mehr auf.

Rizinusöl wird unter anderem bei der Darmreinigung, als Abführungsmittel eingesetzt, aufgrund der wirkenden Ricinolsäure. Es wird allerdings aufgrund seiner gleichbleibenden Viskosität und guten Temperaturbeständigkeit, auch als Schmieröl für Schiffe und Flugzeuge eingesetzt.

Pflanzenstoffe

Alle Pflanzen und Pflanzenteile bilden Sekundärstoffe, die potentiell für den Menschen oder für Tiere schädlich sein können. Sie haben vielleicht schon davon gehört, dass viele Menschen auf die Wirkung von Kurkuma, bei verschiedenen Erkrankungen schwören. So soll es bei entzündlichen Gelenksproblemen zum einen die Schmerzen aber auch die Entzündung hemmen. Doch Kurkuma als solches ist keines Wegs ein Wundermittel. Der Stoff, welcher diese Wirkung verursacht ist nicht Kurkuma als solches, sondern der pflanzliche Sekundärstoff Curcumin. So kaufen sich viele Menschen Kurkuma in Kapseln oder als

Pulver. Es gibt jedoch mittlerweile schon die „gelbe Milch" oder andere Varianten, um möglichst viel dieses Stoffes zu sich zu nehmen.

Aber wussten Sie, dass der im Kurkuma enthaltene Sekundärstoff bei Labortieren durchaus tödlich sein kein? Ja, es sorgt in bestimmter Menge dafür, dass ein Eisenmangel entsteht und sich daraus eine potente Anämie, also eine Blutarmut, entwickelt und die Tiere in der Folge sterben. Der Grund für diese Wirkung ist im Grunde der Selbe wie bei lektinhaltigen Lebensmitteln. Sie wollen sich vor Fressfeinden schützen und so ihr „Überleben" sichern.

Ein weiteres Beispiel ist grüner Tee. Wussten Sie, dass die grünen Blätter dafür sorgen, dass die Funktion der Schilddrüse beschädigt wird, die Produktion der Geschlechtshormone gestört wird und Gewebsanomalien auftreten? Ja, auch dies dient dem Schutz davor, gefressen zu werden – der verantwortliche Stoff heißt Polyphenol.

Zurück zum Kurkuma. Man weiß, dass es außerdem vor Alzheimer- und anderen neurologischen Erkrankungen schützen kann. Der Grund dieser Erkrankungen ist wohl ein fehlgeleiteter Metall- insbesondere aber ein Eisenstoffwechsel. Zumindest scheint der Eisenstoffwechsel eine besondere Rolle zu spielen. Es hat sich herausgestellt, dass Eisen an vielen verschiedenen pathogenen Sachen und Szenarien beteiligt ist. Da Kurkuma den Eisen-Stoffwechsel reguliert und überschüssiges Eisen potent bindet und ausscheidet, scheint es so gut zu wirken.

Nun haben Sie jedoch keine Sorge, dass Sie bei der Einnahme von Kurkuma bzw. Curcumin an einer Anämie erkranken. Denn Sie trinken Kurkuma ja nicht literweise und nehmen auch keine ganze Hand voll Kapseln zu sich. Aus der dosierten Einnahme entsteht keine Blutarmut oder andere Probleme, sondern eher Vorteile.

Aber nicht nur Curcumin sondern auch die Phytinsäure, ist ein gutes Beispiel. Phytinsäure soll alle Metalle im Darm binden und so unbrauchbar machen. Doch der Körper benötigt eine gewisse Menge an bestimmten Metallen. Dies ist die eine Seite der Wirkung der Phytinsäure, die andere ist, dass sie im Blut aufgenommen, dort gegen Verklumpungen wirkt und so die Fließeigenschaft des Blutes verändert. Des Weiteren verbessert es die Insulin-Sensibilität und soll die Entstehung bzw. Entwicklung von Krebs hemmen.

Solche Beispiele könnte man immer weiter fortsetzen. Fakt ist, alles was Sie chronisch tun, wird toxisch und ist somit schädlich für Ihren Körper. So scheint der Organismus durchaus positiv auf diese sekundären Pflanzenstoffe zu reagieren, auch wenn es den Anschein hat, als wenn sie unbedingt gemieden werden sollen. Wie sagt man so schön? Die Menge macht das Gift.

Physiologische
Voraussetzungen

War Ihnen klar, dass der menschliche Speichel zu 70% aus „Prolin-rich Proteins" (PRPs) besteht? So bewirkt zum Beispiel die Einnahme von Tanninen, eine Veränderung der Genexpressionen in den Speicheldrüsen, so dass diese vermehrt PRPs bilden. Diese können wiederrum die eventuelle schädliche und anti-nutritive Wirkung der Tannine deutlich senken. Der Mensch hat zudem im Laufe der Evolution einen Geschmackssinn entwickelt, sodass ein bitterer Geschmack wahrgenommen wird. Der Grund für solch eine Entwicklung, stellte der selektive Druck dar, die Aufnahme von giftigen Pflanzen zu verringern. Man kann sagen, dass das was bitter schmeckt, mit einem höheren Toxin-Gehalt einhergeht. Dies mag wohl auch der Grund dafür sein, dass viele Primaten reife Früchte bevorzugen. Aus diesem Grund sind Menschen und Tiere nicht ihrem Schicksal ausgeliefert. Die körperliche Verfassung spielt natürlich eine große Rolle, sprich ist Ihr Darm krank und geschwächt, kann er schlechter mit Schadstoffen umgehen als ein gesunder. Doch man darf es nicht zu einseitig betrachten, denn das was den Darm gesund macht und hält, wird aus pflanzlichen Begleitstoffen gespeist. So entstehen die richtigen Bakterien und Stoffwechselprodukte.

Zu einfaches Denken, insbesondere in Hinblick auf isolierte Substanzen, ist weder gerechtfertigt noch zielführend. Denn Diese Substanzen treten in der Natur nur in einer natürlichen Matrix auf.

Gesundheitsschädlich?

Nein, Lektine sind nur im rohen Zustand und in hoher Menge schädlich. Im erwärmten und vor allem im gekochten Zustand sind die enthaltenen Lektine unbedenklich. Sie sind der Ernährungswissenschaft aber auch in der Biochemie schon lange bekannt und gut erforscht. Daher kommt auch die Erkenntnis, dass rohe Bohnen gefährlich sein können, manche Samen wie die des Wunderbaums sogar zum Tode führen können und andere wiederrum, selbst im rohen Zustand bei gesunden Menschen keine Probleme verursachen. Die meisten Wissenschaftler geben jedoch Entwarnung. Die

Wissenschaftlerin Megan Rossi, die bei der britischen Ernährungsgesellschaft BDA arbeitet, betonte nochmals, dass für die meisten Menschen Lektine unbedenklich sind. Lediglich bei einigen wenigen Menschen, können sie Symptome wie Verdauungsprobleme und Blähungen hervorrufen, also ähnlich wie bei einer Glutenunverträglichkeit.

Die Wissenschaftler sind nach neusten Erkenntnissen sich darüber einig, dass der Pflanzenanteil in unserer Nahrung hoch sein muss, denn gerade die für den Darm und für die Gesundheit wichtigen Bakterienstämme, brauchen pflanzliche Nahrung zur Verarbeitung. Also wie es auch gedreht und gewendet wird, pflanzliche Nahrung in Form von Gemüse und Obst sind für die Gesundheit essentiell. So ist beispielsweise bekannt, dass Tomaten für die Gesundheit des Herzens förderlich sind und eine krebshemmende Wirkung haben. Außerdem enthalten sie einen hohen Teil von Lycopin, dieser Stoff hat wiederrum eine positive Auswirkung auf die Prostata.

Symptome bei einer Vergiftung

Wenn Sie also aktive Lektine in hoher Menge und Konzentration zu sich genommen haben, kommt es zu einer akuten Vergiftung. Solch eine Vergiftung tritt allerdings nur auf, wenn die Lebensmittel nicht ausreichend und unzureichend Verarbeitet worden sind und verzehrt werden. Es ist auch stark davon abhängig welche Lektine und in welcher Form sie gegessen worden sind.

Die klassischen Symptome einer akuten Vergiftung sind:

- Übelkeit
- Erbrechen
- Blähungen
- Durchfall
- Kopfschmerzen

Es können jedoch auch folgende Symptome auftreten:

- Blutiger Durchfall
- Blutiges Erbrechen
- Fieber
- Schüttelfrost
- Schweißausbrüche
- Krampfanfälle
- Schock

Rohes Gemüse und Obst

Wenn Sie lektinhaltige Lebensmittel zu sich nehmen wollen, sollten Sie immer auf die richtige Zubereitung achten. Wie schon erwähnt, sind nicht alle Lektine gesundheitsschädlich. Doch für die wirklich giftigen gilt: Bei der ordnungsgemäßen Handhabe, gibt es keine negativen Auswirkungen auf Ihren Körper. Aus diesem Grund sollten gesunde Menschen und Menschen, die bisher keine Probleme nach dem Verzehr von lektinhaltigen Lebensmitteln hatten, nicht auf diese Lebensmittel verzichten. Am Ende des Buches werden Sie einen guten Überblick über dieses Thema besitzen, sodass Sie bei der Zubereitung wissen, worauf es ankommt und welche Lebensmittel eher viel dieses Stoffes enthalten und welche eher weniger.

Die Lektin-Aufnahme verringern

Aufgrund der fehlenden Hitzebeständigkeit der Lektine, verändert sich durch das Erhitzen ihre Struktur und das enthaltene Lektin zerfällt. So werden sie unschädlich gemacht.

Die Lektin-Konzentration verändert sich, sofern die Lebensmittel vor dem Verzehr gekocht, eingeweicht, gekeimt oder fermentiert werden. Aufpassen sollten Sie allerdings bei Luzerne, denn hier erhöht sich der Lektingehalt bei Austrieb. Der Lektingehalt in Hülsenfrüchten wird bei der Fermentation um bis zu 98 Prozent reduziert. Doch auch bei den enzymatischen Prozessen, wie bei dem Gehen eines Brotteiges lassen sich diese Anti-Nährstoffe verringern. Somit sollten Sie, wenn Sie ein Brot oder einen Kuchen backen möchten, den Teig, wie nach alter Handwerks-Tradition möglichst lange über mehrere Stunden oder über Nacht gehen lassen. Genau dieser Vorgang ist bei der industriellen Zubereitung von Backwaren, aufgrund von Backtriebmitteln, sehr selten. Dadurch werden die Lektine nicht immer ausreichend reduziert, wodurch es bei empfindlichen Menschen zu Problemen kommen könnte.

Es gibt jedoch auch noch andere Möglichkeiten für die Reduktion des Lektingehalts in Lebensmitteln. So sollten Gemüse und Obst geschält und die enthaltenen Kerne entfernt werden. Denn die Schale und die Kerne bzw. Samen enthalten in der Regel die größten Mengen des Anti-Nährstoffes. Das Problem ist jedoch, dass sie auch die größte Menge an Vitaminen und Spurenelemente enthalten. Jetzt kann man darüber sprechen, ob man so das Lebensmittel nicht völlig entwertet, wenn man auch die meisten Vitamine entfernt.

Doch bei einer lektinfreien Ernährung sollte man eben genau dies tun, um die meisten Lektine zu entfernen. Der Verlust von wichtigen Nährstoffen gehört in diesem Fall leider dazu. Ein kleines Beispiel: Wenn Sie eine Lektin-Diät durchführen möchten, können Sie zwar ein paar Mandeln essen. Jedoch keine Mandeln mit der Haut.

Bei Tomaten empfiehlt sich, vor dem Verzehr etwa eine halbe Minute in kochendes Wasser und anschließend in Eiswasser zu legen. Nach diesem Vorgehen ist es einfacher die Tomaten zu häuten und zu entkernen. Es empfiehlt sich den gleichen Vorgang auch bei Paprika durchzuführen. Kartoffeln sollten mit Schale gekocht und anschließend gepellt werden, so wie es früher immer gemacht wurde. Das Kochwasser sollte weggegossen werden, denn darin ist das gelöste Solanin enthalten.

Pseudogetreide wie Buchweizen und Quinoa, sollte man in einem Schnellkochtopf zubereiten, denn genau wie beim echten Getreide ist es äußerst schwer, das Lektin vollständig zu entfernen.

Auch wenn es jeder anderen Empfehlung zur gesunden Ernährung voll und ganz widerspricht, empfiehlt Dr. Gundry eher weißes Brot zu essen anstatt Vollkornbrot. Ausschließlich in dem Zusammenhang mit Lektin, mag das vielleicht sinnvoll sein. Sie sollten jedoch beachten, dass die einzige und effektive Möglichkeit zur Reduzierung von Lektinen die traditionelle Brotherstellung bietet. Das bedeutet: eine lange Gehzeiten des Teiges, sowie ein Sauerteig mit Hefe. Denn so kann Lektin und auch Gluten abgebaut werden.

Sie sollten zudem darauf achten, dass Sie Mehl ausschließlich in Bio-Qualität kaufen. In den USA wird zum Beispiel, zum Trocknen den Weizens Glyphosat verwendet, auch in Deutschland ist dieses Herbizid leider noch nicht verboten.

Dieses Herbizid potenziert das Gluten selbst bei Menschen, die eigentlich nicht empfindlich auf Gluten reagieren und beeinträchtigen zudem die Produktion von dem aktiven Vitamin D in der Leber. Des Weiteren chelatisiert es auch Mineralien. Das bedeutet, es bildet Komplexe und ermöglicht so die Bildung von zyklischen Verbindungen. Die bekanntesten sind Hämoglobin und Chlorophyll. Es stört zudem den Shikimatweg und dezimiert Ihr Mikrobiom, so vergrößertes den undichten Darm wodurch mehr Lipopolysaccharide (LPS) ins Blut gelangen.

Was ist der Shikimatweg?

Dieser „Weg" beschreibt die Bezeichnung für einen biochemischen Stoffwechselweg, der in den meisten Pflanzen und Mikroorganismen vorkommt. Er besitzt eine extrem hohe Bedeutung durch die Biosynthese der proteinogenen aromatischen Aminosäuren Phenylanin, Tryptophan und Tyrosin. Er liefert auch wichtige Ausgangsstoffe für den pflanzlichen Stoffwechsel.

Diese LPS sind Bestandteile der Zellmembran von Bakterien und werden vom Immunsystem erkannt. Darauf folgt schließlich eine entsprechende Immunreaktion.

Was sind Lipopolysaccharide?

Kurz LPS sind sehr thermostabile also hitzeunempfindliche Verbindungen, die in der äußeren Membran von gramnegativen Bakterien vorkommen. Sie bestehen hauptsächlich aus fettähnlichen (Lipo-) und Zucker-Bestandteilen (Polysacchariden). Die Differenzialfärbung nach

Gram, dient der Darstellung von Bakterien unter dem Lichtmikroskop. Diese Färbemethode ist eine der wichtigsten in der medizinischen Mikrobiologie. So werden je nach Färbeverhalten, die Bakterien in Gram-positiv und Gram-negativ eingeteilt.

Fermentierte Lebensmittel

D er Begriff stammt von dem französischen Biochemiker Louis Pasteur. Das Fermentieren bzw. die Fermentation, beschreibt die Gärung von organischem Material – also Lebensmittel – zu Alkohol, Gasen oder Säure. Dieser natürliche Vorgang ist nur unter sauerstoffarmen Bedingungen möglich. Das Vorhandensein von Mikroorganismen wie zum Beispiel die Milchsäurebakterien, die in der Lage sind den Kohlenhydratanteil des Lebensmittels zu niedermolekularen Anteilen zu verarbeiten, ist

Voraussetzung für den Vorgang des Fermentierens.

Es entstehen technologische und für den Verbraucher ernährungsphysiologische Vorteile, bei diesem Prozess. Aus diesem Grund wird sie auch in der Lebensmittelindustrie und in der Biotechnologie gezielt verwendet.

Früher fing es mit der Herstellung von Wein und Bier an. Getreide, Gemüse und Hülsenfrüchte wurden nach und nach fermentiert und anschließend wurden die Mikroorganismen aus der Milch zugesetzt. Heutzutage werden probiotische Kulturen verwendet, die sich positiv auf den Dickdarm auswirken und die Mikroflora positiv beeinflussen.

Das Verfahren der Fermentierung verändert jedoch auch den Geschmack und die Konsistenz bestimmter Lebensmittel. So wird aus Weißkohl, aromatisch und leicht kaubares Sauerkraut, welches auch in der Verdaulichkeit verbessert ist. Im asiatischen Raum wird hauptsächlich die Sojabohne fermentiert, um daraus weitere Produkte herzustellen. Aber auch mit Hefe gebackenes Brot, verbessert die Verdaulichkeit. Die Hefe lockert den Teig, produziert einen

Gärungsprozess, welches durch Kohlendioxid den Teig „gehen" lässt. Bei einem Sauerteig, bei dem der pH-Wert gesenkt wurde, wird außerdem das Wachstum unerwünschter Organismen gehemmt.

Auch Alkohol, Kaffee, Tee oder Kakao lassen auf einen fermentierten Prozess zurückblicken.

DER PROZESS DER FERMENTATION

Bei der Fermentation, lat. fermentum „Gärung“, handelt es sich um eine mit Hilfe von Mikroorganismen, biochemischen Reaktion. Dies können sowohl Hefen, Bakterien oder auch spezielle Schimmelpilze sein. Sie verwandeln bzw. transformieren durch stoffwechseleigene Enzyme in sauerstoffarmer Umgebung die organischen Stoffe aus tierischer oder aber auch pflanzlicher Herkunft zu Stoffwechselintermediaten. Hierunter fallen zum Beispiel Milchsäure und Zucker oder auch Kohlendioxid. Diese Säure senkt den pH-Wert des Milieus und unterdrückt wiederrum das Wachstum von unerwünschten Bakterien oder Pilzen.

Aus diesem Grunde, wird die Fermentation schon seit Jahrhunderten als Konservierungsmethode eingesetzt.

Anfänglich wurde für die Fermentation komplett auf die Sauerstoffzufuhr bei dem Vorgang verzichtet. Mittlerweile gibt es jedoch auch Verfahren, die an der Luft stattfinden. Wie zum Beispiel bei der Essigherstellung.

DER KULTURELLE EINSATZ FERMENTIERTER LEBENSMITTEL

Indien gilt als das Ursprungsland der Fermentation. Neben der Trocknung der Lebensmittel, ist die Fermentation die älteste Konservierungsstrategie der Gesellschaft. So erkannten die damaligen Völker, dass die Lebensmittel dadurch nicht nur länger haltbar waren, sondern erkannten auch den sensorischen Vorteil dieser Veränderung. Sie stellen zudem einen positiven gesundheitlichen Nutzen fest, weshalb sich diese Konservierungsart verbreitete und auch heute noch zum Einsatz kommt.

Durch den Biochemiker Pasteurs wurde im 19. Jahrhunderts das Wissen über diese Form der Gärung verbreitet und auch erweitert. Dadurch wird sie auch heute noch, in Bereichen der Lebens- und Genussmittelindustrie, biotechnologisch von der Pharmaindustrie und auch bei der Biogasherstellung woraus Strom gewonnen werden kann, verwendet.

DIE VORTEILE FERMENTIERTER LEBENSMITTEL

Die Haltbarkeit der Lebensmittel spielt einen sehr großen Vorteil, denn durch die Zugabe von Salz, Zucker oder Säure, wird den für die Fäulnis zuständigen Mikroorganismen der Nährboden entzogen – eine längere Haltbarkeit ist die Folge. Des Weiteren produzieren die, aus dem organischen Material, vorhandenen Mikroorganismen bestimmte Stoffwechselprodukte, die den unerwünschten Kleinstlebewesen einen nicht günstigen Nährboden schaffen. Die Lebensmittel die mit Milchsäure vergoren sind, weisen keinen nennenswerten Nährstoffverlust auf. Sie benötigen außerdem im Vergleich zu anderen Konservierungsmethoden deutlich weniger Energieaufwand. Sie erhöhen die Bekömmlichkeit und erzielen somit einen gesundheitlichen Nutzen.

Der gesundheitliche Nutzen von Lebensmitteln die mit probiotischen Milchsäuren verarbeitet wurden, liegt in dem positiven Einfluss auf die Verdauung. Denn in den vorhandenen Bakterienstämmen des Dickdarms befinden sich unter anderem Lactobazillen. Diese Lactobazillen sind Milchsäurebakterien.

Werden nun regelmäßig Produkte gegessen, die diese Bakterien enthalten, kann es sich positiv auf den mikrobiotischen Stamm auswirken. Lactobazillen stärken die Darmbarriere, wodurch weniger Schadstoffe in die Blutlaufbahn gelangen.

Die verbesserte Bioverfügbarkeit und Verdaulichkeit, wird auf den enzymatischen Aufschluss schwer verdaulicher Stoffe der Mikroorganismen zurückgeführt.

Die Bakterienstämme sind in der Lage ernährungsphysiologisch wichtige Substanzen, wie die Aminosäuren und Vitamine zu synthetisieren. Dies ist jedoch nicht alles, sie sind auch in der Lage, minderwertige Stoffe wie Mykotoxine in Getreide oder Enzyminhibitoren in Hülsenfrüchten abzubauen. Außerdem können sie einen kleinen Teil des Riboflavins oder der Folsäure produzieren.

Lektingehalt in Lebensmitteln

Alle Lebensmittel enthalten verschiedene Mengen an Nährstoffen. So auch an Lektin. Um die genaue Konzentration des Lektins in den jeweiligen Nahrungsmitteln herauszufinden, wird ein Antikörper-basiertes-Nachweiserfahren ELISA (enzyme-linked immunosorbent assay) durchgeführt. Bei diesem Nachweisverfahren wird zunächst eine Microtiterplatte mit den Antigenen, also in diesem Fall mit Lektin, beschichtet. Nachfolgend werden die Lektin-spezifischen-Antikörper hinzugefügt und so das Binden der

Antikörper an die aktiven Lektine gemessen.

Die Lektin-freie-Diät

Folgende Produkte und Lebensmittel sollten in einer lektinfreien Diät gemieden werden:

• Alle Nachtschattengewächse und somit auch alle Zubereitungen in denen sie sich befinden

• Krustentiere und andere aus dem Meer stammenden Tiere ohne Flossen

• Eier, außer qualitativ hochwertige Bioeier

• Alle Getreidearten, vor allem jedoch Weizen

• Hülsenfrüchte im allgemeinen

• Pasteurisierte Milch und besonders A1-Milch. Das Problem besteht allerdings auch, wenn die Rinder mit Getreide und Hülsenfrüchten ernährt worden sind. Dann sollten Sie ebenso auf die Milch verzichten. Es könnte also dementsprechend schwierig werden, solch eine Milch im Supermarkt zu finden.

- Gemüsesamen
- Saisonales und nicht importiertes Obst. Die Ausnahme stellen Früchte dar, die resistente Stärke beinhalten. Auf importiertes und außerhalb der Saison, sollten Sie auf Obst und Gemüse gänzlich verzichten.
- Kein oder nur sehr wenig Fleisch (Rind, Lamm, Schwein) essen, auch wenn sie ausschließlich mit Gras gefüttert wurden.
- In kleinen Mengen können Sie Geflügel essen, jedoch nur von ausschließlich wiesengefüttertem Geflügel
- Im Allgemeinen sollten Sie tierisches Eiweiß deutlich reduzieren, so dass nur zwei Portionen am Tag verzehrt werden – als Beispiel können Sie morgens zwei Bio Eier essen und am Abend nochmal zwei Bio Eier. Damit wäre dann der maximale Anteil am tierischen Eiweiß erreicht.
- Keinen Fisch essen, der weit oben in der

Nahrungskette steht, diese nehmen einen noch höheren Schadstoffanteil wie Schwermetalle oder Quecksilber auf. Sie sollten stattdessen wildgefangene Fische wie Lachs, Buntbarsch und Seewolf zu sich nehmen, jedoch auch nur in begrenzter Menge

• Vegetarier und Veganer sollten unbedingt auf unfermentierte Sojaprodukte und Tofu verzichten

• Langkettige und gesättigte Fettsäuren sollten Sie meiden, Olivenöl sollte reduziert werden

Wichtig zu erwähnen ist noch, dass nicht nur die Produkte im alleinigen Zustand, sondern auch alle daraus hergestellten Produkte wie Käse, Quark, Brot etc. gemieden werden sollten. Sollten Sie also entsprechende Beobachtungen bei sich machen, die auf eine Unverträglichkeit hindeuten und Sie sich im Allgemeinen nicht richtig gesund fühlen und häufig bzw. dauerhaft krank sind, sollten Sie die bereits erwähnten möglichen Ursachen erstmal überprüfen lassen. Denn eine lektinfreie Diät ist nicht mal eben so umgesetzt. Es ist deutlich schwieriger auf Lektine zu verzichten, als z.B. auf Laktose. Es fällt eine große Vielzahl an

Lebensmitteln weg, die Sie wahrscheinlich vorher gegessen haben. Die Umstellung ist groß und die Auswahl an Lebensmitteln eher klein.

Die Lektin-Diät hat nach Gundry das Ziel, die guten und wichtigen Darmbakterien zu stärken und mit ausreichenden Nährstoffen zu versorgen damit eine gesunde und stabile Darmflora entsteht. Dazu sollten Sie darauf achten was Sie zu sich nehmen, am besten:

• Lebensmittel, die resistente Stärke beinhalten wie Kochbananen, Pastinaken, Steckrüben Selleriewurzel. Diese können reichlich gegessen werden.

• Grünes Blattgemüse und Kohlgemüse bzw. Kreuzblütler, sollten Sie so viel wie möglich essen

• In Nahrungsmitteln wie Spargel, Zwiebeln und Knoblauch sind Fructooligosacchariden (FOS) enthalten. Dies ist eine Form des Zuckers, welche für uns nicht zu verdauen ist.

• Chicoree und Radicchio enthalten viel Inulin, dieses Inulin wird erst im Enddarm von den dortigen guten Bakterien zu kurzkettigen Fettsäuren umgewandelt und dann verwertet

- Nüsse wie die Macadamia, Pistazien und Pecan sind sehr gesund und enthalten viele ungesättigte Fettsäuren
- Beeren und bestimmte Früchte wie Kirschen, Preiselbeeren sowie Himbeeren und geschälte Äpfel können Entzündungen und Allergien hemmen. Mehr dazu jedoch unter „alltägliche Pflanzengifte und −sekundärstoffe"

Risiken einer lektinfreien Diät

Man kann also sagen, dass diese Art von Diät durchaus schwierig ist zu befolgen, denn auch Lebensmittel die wichtig für den Körper sind, dürfen nicht gegessen werden.

Bewiesenermaßen ist bekannt, dass Vollkornprodukte in der Lage sind, das Risiko auf Krebs, Herzkrankheiten und Diabetes zu senken. Doch auch diese Produkte, dürfen bei der Lektin-Diät nicht gegessen werden. Auch viel Obst aber vor allem Gemüse wird gestrichen, sodass gerade für Vegetarier und Veganer die Umsetzung deutlich schwieriger sein kann, denn Proteine liefern Hülsenfrüchte, Samen und Nüsse und eben Vollkornprodukte, die jedoch nicht verzehrt werden dürfen.

Des Weiteren sind die im Gemüse enthaltenen Ballaststoffe wichtig für die Verdauung. Bleiben diese in der Ernährung aus, kann es zu Verstopfungen kommen.

Damit Sie ihrem Körper dennoch gerecht werden, kann eine solche Diät auch gewisse Kosten mit sich bringen. Denn der Plan empfiehlt spezielle Milch, Weidehaltung der Tiere (was grundsätzlich ein wichtiger Punkt ist. Doch sind Produkte von Tieren, die ausschließlich auf Weiden gehalten werden und dementsprechend eine sehr gute Qualität aufweisen, recht teuer) und Nahrungs-ergänzungsmittel. Diese Ergänzungsmittel können auch je nach Qualität recht teuer werden.

Lektine in gängigen Lebensmitteln

Lebensmittel-gruppe	Lebensmittel	Lektin
Hülsenfrüchte	Rote Kidneybohnen	Phytohämaglutinin (PHA)
	Ackerbohnen	Broad bean agglutinin (SBA) Vicia faba agglutinin (VFA)
	Jackbohnen	Concanavain A (ConA)
	Sojabohnen	Soybean agglutinin (SBA) Soybean lectin (SBL)
	Grüne Bohnen	Phaseolus vulgaris leukoagglutinin
	Erbsen	Pisum sativum agglutinin (PSA)

	Kichererb-sen	Cicer arietinum agglutinin (CAA-I und CAA-II)
	Linsen	Lens culinaris lectin (LCL)
	Erdnüsse	Peanut lectin (PNA)
Nachtschatten-gewächse	Tomaten	Lycopersicon esculentum lectin (LEL,TL)
	Kartoffeln	Solanum tuberosum lecti (STL)
Getreide	Weizen	Wheat germ agglutinin (WGA)
	Reis	Rice bran agglutinin (RBA)
	Mais	Corn coleoptile lectin (CCL)
Pilze	Weiße Champig-nons	Agaricus bisporus agglutinin (ABA)
	Austernpilze	Pleurotus ostreatus lectin (POL)

Lauchgewächse	Zwiebeln	Allium cepa agglutinin (ACA)
	Knoblauch	Allium sativum lectin (ASA I und ASA II)

Nahrungsmittel mit Lektin

Hülsenfrüchte enthalten mehr Lektine als andere Lebensmittel, weshalb sie in roher Form giftig sind. Das Lektin in Weizen, gilt als sehr hitzebeständig. Verwechseln Sie nicht Lektin mit Gluten. Dies sind zwei unterschiedliche Stoffe, obwohl Lektin mittlerweile als das „neue Gluten" bezeichnet wird. Man kann sagen, dass Vollkornmehl mehr Lektine enthält, als das weiße Auszugsmehl – was kein Wunder ist, denn es enthält ja auch noch etwas an Nährstoffen. Dies bedeutet jedoch nicht, dass ein Baguette kein Lektin mehr enthält, der Gehalt ist nur deutlich geringer. Doch auch hier muss man wieder sagen, sofern ein Vollkornbrot richtig zubereitet wurde, wurde auch die schädliche Wirkung eingedämmt.

So wäre es also ratsam, sofern Sie eine Unverträglichkeit gegenüber Lektinen vermuten, als erstes auf diese Lebensmittel zu verzichten.

• Mais

• Fleisch von Tieren die mit Mais gefüttert werden. Hierzu zählt leider das am meisten angebotene Fleisch im Supermarkt, Sie müssen als ganz genau hinsehen und nachfragen.

• Kasein-A1-Milch. Das Kasein-A2 ist das normale Protein der Milch, doch heute sind viele Kühe Kasein-A1- Produzenten. So ist die am meisten verkaufte Milch A1, auch wenn sie eine Bio-Milch ist. Das A1-Kasein ist ein Protein, welches im Darm zu Beta-Casomorphin umgewandelt wird. Dieses heftet sich an die Beta-Zelle Ihrer Bauchspeicheldrüse (Pankreas) und kann eine Autoimmunattacke auslösen. Viele Menschen glauben, dass Sie an einer laktoseintoleranz leiden, obwohl sie eigentlich das Kasein-A1 nicht vertragen und darauf mit unter anderem Magenproblemen reagieren. So sollten Sie, um darauf zu verzichten, Bio-Rohmilch von Kasein-A2 produzierenden Kühen kaufen.

• Erdnüsse, nicht fermentierte Sojaprodukte und Cashews sollten ebenfalls gemieden werden. Sollten Sie Soja-Produkte zu sich nehmen wollen, stellen Sie sicher, dass das Produkt auf traditionelle Art fermentiert wurde und nicht wie heute üblich industriell.

Lektin sparsam verzehren

Wenn Sie sich lektinarm ernähren möchten, können Sie auf die folgenden Lebensmittel komplett verzichten. Das müssen Sie allerdings nicht tun, sofern Sie diese sparsam zu sich nehmen und darauf achten, dass sie richtig zubereitet und gekocht wurden. So sollten die Produkte, die auch im rohen Zustand gegessen werden könnten, immer gekocht, eingeweicht oder gekeimt werden, um den Lektingehalt deutlich zu reduzieren.

- Kürbisfrüchte wie Esskürbis und Zucchini
- Alle Getreidearten, vor allem jedoch Vollkorn
- Hülsenfrüchte, also Gemüse in Schoten wie Erbsen und Bohnen
- Nachtschattengewächse wie zum Beispiel Tomaten, Paprika, Kartoffeln und Auberginen, sowie die Produkte daraus. Dies sind nur einige der essbaren Nachtschattengewächse.
- Soja
- Nudeln
- Reis

Die Hülsenfrüchte enthalten nicht alle denselben Lektingehalt, so haben einige Bohnen mehr als die anderen. Reisbohnen, Saubohnen, Lupinensamen, Kuhbonen und die great northern beans, gehören in die Kategorie der Hülsenfrüchte mit einem geringeren bis mittleren Lektingehalt. Den geringsten Gehalt weisen polnische Erbsensorten, grüne Bohnen und Linsen auf, was sie damit am verträglichsten macht.

Zu einem mittleren bis hohen Lektingehalt zählen weiße Kidneybohnen und Sojabohnen. Die rote Kidneybohne gehört zu den Sorten die am meisten Lektin enthalten und somit gemieden werden sollten.

Als Beispiel enthalten die weißen Kidneybohnen ein Drittel der hämagglutinierenden Einheiten von toxischen Phytohämagglutinin, die in den roten Kidneybohnen vorkommen. Die Saubohnen wiederrum enthalten nur fünf bis zehn Prozent der enthaltenen Lektine der roten Kidneybohne.

Lebensmittel ohne Lektin

Spargel, Sellerie, Knoblauch, Pilze und Zwiebeln sind von den pflanzlichen Lebensmitteln sie sichersten. Andere Lebensmittel, die Sie ohne Einschränkung zu sich nehmen können sind unter anderem:

- Gekochtes Wurzelgemüse und Knollen wie Süßkartoffeln, Taro und Yucca oder Karotten
- Blattgrün
- Natives Olivenöl und Oliven
- Kreuzblütler wie Blumenkohl, Brokkoli und Rosenkohl
- Aber auch Avocados, sie enthalten zwar viele Lektine, doch diese gelten als sehr gesund und somit sicher für Ihre Gesundheit
- Kokosnussmilch
- Haselnüsse
- Esskastanien
- Zwiebeln und Knoblauch
- Erdmandelmehr und Kastanienmehl
- Ziegenkäse (Bio-Qualität)

Die Zubereitung von Bohnen

Haben Sie sich zum Mittag- oder Abendessen sich für Bohnen entschieden, sollten Sie wie bereits erwähnt auf die Zubereitung achten und niemals rohe und ungekochte Bohnen essen. Aufgrund der akut toxischen Wirkung, können schon fünf Bohnen Reaktionen hervorrufen, die einer Lebensmittelvergiftung ähneln.

Daher sollten Sie die Bohnen für ein sicheres Essen wie folgt vorbereiten:

- Die Bohnen sollten vor dem Kochen etwa 12 Stunden im Wasser einweichen. Dabei sollten Sie regelmäßig das Wasser wechseln. Sie können zusätzlich Backpulver in das Einweichwasser geben, so wird die Neutralisierung der Lektine weiter gefördert.

- Anschließend sollten Sie die Bohnen abspülen und das zum Einweichen verwendete Wasser entsorgen.

- Sie sollten mindestens 15 Minuten bei großer Hitze gekocht werden (bei grünen Bohnen bzw. Brechbohnen reicht die Garzeit von knapp 15 Minuten). Das Kochen bei zu geringer Hitze kann die Toxizität der Lektine sogar noch um das Fünffache verstärken.

- Sie sollten außerdem auf jedes Rezept verzichten, wofür Sie Bohnenmehl verwenden müssen. Denn die trockene Ofenhitze kann die Lektine nicht effektiv zerstören.

Der Nutzen von Kartoffeln

Auch bei Kartoffeln wird der Gehalt des Lektins durch das Kochen reduziert. Wichtig zu wissen ist, dass die enthaltenen Lektine hitzebeständiger sind als zum Beispiel in grünen Bohnen. Auch hier sollte darauf geachtet werden, dass die Kartoffeln gut gegart sind, so verringert es den Lektingehalt um 50 bis 60 Prozent. Wenn Sie den Nährwert der Kartoffel steigern möchten, sollten Sie die Kartoffel nach dem Kochen auskühlen lassen.

So wird die verdauungsresistente Stärke in den

Kartoffeln bzw. in den Fasern erhöht. Sie widerstehen der Verdauung im Dünndarm und gelangen so weiter in den Dickdarm wo sie langsam gären und dort als Probiotika wirken können. Die gesunden Darmbakterien können davon anschließend profitieren.

Gekühlte und geröstete Kartoffeln enthalten so 19 Gramm widerstandsfähige Stärke pro 100 Gramm. Im Vergleich dazu enthalten gedämpfte und gekühlte Kartoffeln 6 Gramm und gekocht und gekühlte nur 0,8 Gramm pro 100 Gramm.

Aufgrund der Unverdaulichkeit, führen solche widerstandsfähige Stärken nicht zu Blutzuckerspitzen, wie es andere Stärken tun. Forschungsergebnisse deuten sogar darauf hin, dass solche resistenten Stärken helfen können, die Insulinregulierung zu verbessern und auf diesem Wege die Insulinresistenz zu minimieren.

Reagieren alle Menschen gleich?

Für die Mehrheit der Menschen kann man ganz klar sagen: nein! Viele der Nahrungsmittel sind für den Menschen sehr gesund und es sollte darauf nicht verzichtet werden, denn die meisten Lektine sind für den menschlichen Körper unschädlich. Die giftigen Lektine, wie die PHA aus rohen Kidneybohnen, sind bei richtiger Zubereitung ebenfalls unschädlich, denn die enthaltenen Lektine sind nicht hitzebeständig und zerfallen, wodurch die Giftigkeit verloren geht. Lediglich im rohen Zustand sind die darin enthaltenen Lektine durchaus giftig. Rohe Kidneybohnen können Sie in der Regel auch nicht im Supermarkt kaufen, sondern nur in Dosen eingelegte. Diese sind bereits gekocht und es besteht deshalb keine Gefahr, eine Vergiftung nach dem Verzehr zu bekommen.

Bei sachgemäßer Zubereitung gehen von den Lebensmitteln bei gesunden Menschen somit keine negativen Auswirkungen hervor. Sofern Sie jedoch an einer Autoimmunerkrankung oder einer rheumatischen Arthritis leiden, führt ein Verzicht von lektinhaltigen Lebensmitteln zu einer Verbesserung der Krankheitssymptome. Wissenschaftler vermuten, dass bei Menschen mit einer entzündlichen Darmerkrankung, Hülsenfrüchte zu Problemen führen und sie auch bei Intoleranzen gegenüber Nahrungsmitteln eine Rolle spielen. Ob Sie an einer Intoleranz leiden, können Sie bei einem Arzt abklären lassen.

Sind Lektine für Sie schädlich?

U m herauszufinden ob Lektine für Sie problematisch sind, können die Lektin-spezifischen Antikörper einen Hinweis darauf geben, ob eine Verstärkte Immunreaktion vorliegt. Die Antikörper sind das Immunoglobulin G (IgG) und das Immunoglobulin A (IgA). Es ist außerdem sinnvoll, ein Ernährungstagebuch zu schreiben. So können Sie schnell sehen nach welchen Lebensmitteln die typischen Anzeichen einer Unverträglichkeit auftreten. Dies ist ein einfacher und effektiver Weg, um herauszufinden welche Lebensmittel vertragen und welche nicht vertragen werden.

Wer sollte darauf verzichten?

Sollten Sie an einer Autoimmunerkrankung oder Rheuma leiden, oder aber auch einen empfindlichen Darm besitzen, sollten Sie es durchaus einmal in Betracht ziehen, sich lektinfrei oder zumindest lektinarm zu ernähren und so eventuell die Symptome zu lindern. Testen Sie es aus, ob Paprika und Tomaten im gekochten Zustand und ob Nüsse im gerösteten Zustand besser vertragen werden.

Autoimmunerkrankungen

Ist der Darm gesund, besitzt er eine Barriere, die unzureichend verdaute Moleküle aber auch Schadstoffe abhält, die Darmwand zu passieren und so in den Blutkreislauf zu gelangen. Doch gelangen die Lektine in das Blut, binden sie sich an andere Gewebszellen und körperfremde Substanzen wie Antigene. Eine Immunreaktion auf die Lektine aber auch auf das Gewebe an das sich die Lektine gebunden haben ist die Folge. Reagiert also das eigene Immunsystem auch auf körpereigenes Gewebe und Zellen – bekämpft es sich also selbst – kann es zu einer Autoimmunerkrankung führen.

Die Entstehung von Zöliakie

Bei Wissenschaftlern und Ernährungsberatern wird unter anderem diskutiert, ob bei der Entstehung von Zöliakie die Lektine eine Rolle spielen. Es fehlen jedoch diesbezüglich an Menschen durchgeführte Studien, um eine eindeutige Einschätzung abzugeben. In Studien an Tieren, wurde ihnen eine deutlich höhere Menge und eine höhere Konzentration an Lektinen zugeführt als es beim Menschen üblich ist. Aus diesem Grund lassen sich die Ergebnisse der Tier-Studien nicht auf den Menschen direkt übertragen und die Lektin-Zöliakie-Assoziation wird deshalb mehrheitlich abgelehnt und als eher unwahrscheinlich angesehen, dass sie einen Einfluss auf die Entstehung von Zöliakie haben.

Zöliakie – was ist das eigentlich?

Zöliakie ist eine chronische Systemerkrankung, mit einer lebenslangen Unverträglichkeit gegen Klebereiweiß Gluten und der Unterfraktion Gliadin. Gluten/Gliadin kommt in Getreidearten wie Weizen, Roggen, Dinkel, Gerste und Hafer vor.

Lektine in anderen Bereichen

J a, Lektine haben auch positive Eigenschaften. Bei bestimmten Darmerkrankungen, muss der Verdauungstrakt umgangen werden und der Patient intravenös ernährt werden. Hierdurch kann sich der Darm beruhigen, da die Versorgung der Nährstoffe direkt über die Blutlaufbahn gelangt. Solch eine intravenöse Ernährung wird zum Beispiel in akuten Fällen von Morbus Crohn und Colitis Ulcerosa vorgenommen. Doch durch diese künstliche Ernährung, kann es zu Funktionsverlust der Darmschleimhaut kommen. Dieser Verlust führt wiederrum dazu, dass die Nährstoffe nicht mehr effektiv durch die Darmwand aufgenommen werden können. Werden nun in richtiger Menge Lektine eingenommen, können sie sich an die verschiedenen Darmregionen binden und so zu einer Erneuerung der Darmwand beitragen. Der Funktionsverlust wird verhindert oder verbessert.

Sie werden außerdem in der Medizin zur Blut-Typ-Bestimmung eingesetzt. Da sie sich an Kohlenhydrate und Glykoproteine binden, kann diese Fähigkeit bei der Entwicklung von Medikamenten nützlich eingesetzt werden, wenn die Medikamente sich an bestimmte Zellen im Körper binden sollen. So können zum Beispiel die Lektine der Mistel (Viscum album L.) das Wachstum von Tumorzellen hemmen. Aufgrund dieser Eigenschaft werden sie bei der Unterstützung der Krebstherapie eingesetzt. Das Immunsystem wird durch die verbesserte Produktion von Zytokinen und natürlichen Killerzellen angeregt. Die Killerzellen sind unter anderem dafür zuständig, Tumorzellen zu erkennen und zu „killen" – also abzutöten. Das Medikament Lektinol ist ein gutes Beispiel für eine verbesserte

Lebensqualität und eine verbesserte Verträglichkeit bei konventionellen Krebstherapien. Auch bei Herz-Kreislauf- und Stoffwechsel-Erkrankungen, oder bei dem HI-Virus können diese Lektine sich durchaus positiv auf das Krankheitsbild auswirken.

So stehen zum Beispiel Bananen, bzw. die darin enthaltenen Lektine im Verdacht, eine antivirale Wirkung zu besitzen. Diese Eigenschaft macht sich die Wissenschaft zu Nutzen und forscht an einem lektinbasierten Anti-HIV-Mikrobizid.

In einer Untersuchung der Verträglichkeit von braunen Bohnen stellte sich heraus, dass bei hohem Verzehr dieser Bohnen 15% weniger Blutzucker, 16% weniger Insulin, 50% mehr PYY (Sättigung), 14% weniger Ghrelin (Hunger) und rund 35% niedrigere IL-6-Werte (Entzündungen) sowie eine deutlich höhere Konzentration an kurzkettigen Fettsäuren auftraten. Diese Fettsäuren werden bei ausreichender Ballaststoffzufuhr, von den Darmbakterien gebildet. Sehr gute Ballaststoffe sind in Hülsenfrüchten enthalten. Sie haben richtig gelesen, es sind diese Hülsenfrüchte, die auf der anderen Seite als schädlich betitelt werden und im Reagenzglas sehr giftig sind.

Studien – sind sie glaubwürdig?

Es wird jedoch auch nach neuen positiven Wirkungen geforscht. So gibt es Hinweise darauf, dass Lektine gegen Dickdarmkrebs vorbeugen können. Es ergaben die epidemiologischen Untersuchungen einen Zusammenhang zwischen dem Verzehr bestimmter pflanzlicher Nahrung und dem Krebsrisiko bestimmter Arten. Es konnte in den Untersuchungen festgestellt werden, dass einige Lektin-Arten das Wachstum, die Vermehrung und die Apoptose -Zelltod- von Tumorzellen beeinflussen können.

In den humanen Phase-III-Studien, wo ebenfalls die Wirkung der Lektine erforscht wurde, ergab sich ein positives Ergebnis. So scheinen Lektine in der Lage zu sein, zielgerichtet den Zelltod induzieren zu können. Hier sind jedoch noch nicht alle offenen Fragen zu den Wirk-Mechanismen geklärt worden. Wussten Sie, dass sich die Krebsforschung außerdem die bindende Eigenschaft der Lektine zu nutzen macht? Ja, so werden zu diagnostischen Zwecken einige der Proteine als Marker für die Erkennung bestimmter Krebszellen verwendet. Somit ist eine bessere Diagnose und Prognose möglich.

Es gibt keine eindeutigen wissenschaftlichen Beweise dazu, dass die Aussage von Gundry richtig ist und die durch Nachtschattengewächse aufgenommenen Lektine immer und für jeden schädlich sind. Die Beobachtungen hat er ausschließlich an sich selbst machen können. Bei seinen Patienten, denen er eine lektinfreie Ernährung empfahl, sollen jedoch die Probleme an denen sie gelitten haben, nach der Umstellung der Ernährung schnell besser geworden sein. Es gibt eine Studie die 1993 durchgeführt wurde, wo es tatsächlich einen Zusammenhang mit Lektin und Arthritis geben soll. In dieser Studie wird beschrieben, dass die Ernährung eine wichtige Rolle bei der Entstehung von Krankheiten wie Arthritis spielt. Klingt plausibel – ist es auch, wenn man bedenkt, dass gewisse Nahrungsmittel Stoffe enthalten, die eventuelle Entzündungen begünstigen können oder viel Calcium enthalten, die sich in den Gelenken anreichern können. Über einen Zeitraum von 20 Jahren konnte anhand einer Umfrage von 1400 freiwilligen Menschen festgestellt werden, dass der regelmäßige Verzehr von Nachtschattengewächsen bei sensiblen Menschen die Entstehung von Arthritis begünstigen und mitverursachen kann. Dazu zähle jedoch auch das Rauchen, denn Tabak ist bekanntermaßen ein Nachtschattengewächs. Im Laufe dieser Untersuchung wurde anschließend der Ernährungsplan verändert und in dem Zuge die Nachtschattengewächse aus der Ernährung gestrichen. Nach der Umstellung konnten tatsächlich deutliche Verbesserungen der Symptome von Arthritis und des allgemein

Befindens beobachtet werden.

Es gibt allerdings auch Studien die zeigen, dass Lektine gesundheitsschädlich sein können, aber auch welche die das Gegenteil beweisen. Es werden außerdem in den Studien häufig Lektine verwendet, die nicht aus Pflanzen stammen die unserer Nahrung dienen. Sondern zum Beispiel aus der sehr stark lektinhaltigen Pflanze „Bleistiftstrauch". Es wird unter anderem auch überprüft, ob aus diesen stark wirksamen Lektinen auch Arzneimittel hergestellt werden können. Die positiven Studien wurden mit isolierten und konzentrierten Lektinpräparaten, meistens im Reagenzglas mit Zellkulturen durchgeführt. Leider jedoch nicht mit lektinhaltigen Lebensmitteln an Tieren und Menschen.

In Untersuchungen kam heraus, dass eine geringe Menge an Lektinen, sogar ähnlich wie Antigene wirken können und so eine Art der Immunisierung auslösen kann.

Ende 2015 wurde im Journal of Nutrition eine Studie veröffentlicht. In dieser Studie wird berichtet, dass zum Beispiel die traditionelle mexikanische Ernährung sich positiv auf die

Insulinresistenz und systematische Entzündungen auswirkt. Diese Ernährung enthält viele lektinhaltige Lebensmittel.

In den Medien wurde die Studie von Pusztai et al. zitiert. Bei dieser Studie wurde von einem Lektingehalt in Pflanzen von über 10000 mg/kg ausgegangen und schließlich für diesen Zweck aus transgenen Pflanzen hergestellt. In natürlicher Form kommen solche hohen Dosen nicht in pflanzlichen Lebensmitteln vor. Pusztai beschrieb, dass bei einem normalen Verzehr von Vollkornbrot in Kombination mit einer gemischten Kost, keine Toxizität nachgewiesen werden konnte. Das Ergebnis war vielmehr, dass Lektine unter bestimmten Voraussetzungen positive Auswirkungen auf den Magen-Darm-Trakt einschließlich der Verdauung, des Immun- und Hormonsystem und auf die Darmflora haben.

In den Medien wurde auch die Hypothese von Cordain zitiert, dass Lektine als Auslöser für rheumatische Arthritis verantwortlich sind. Dies kann jedoch nach dem aktuellen Kenntnisstand nicht bestätigt werden. Aus diesem Grunde ist seine Behauptung nicht tragbar. Eine Aktivierung der

Immunzellen und die damit einhergehende Autoimmunreaktion ist die Folge von einer geschädigten Darmwand und kann, wenn eine genetische Veranlagung besteht, der Auslöser für die Entstehung einer rheumatischen Arthritis sein. So beschreibt Cordain in seiner Hypothese, das Lektine unter bestimmten Voraussetzungen die Darmbarriere schädigen können.

Es gibt derzeit aktuelle Hinweise darauf, dass Lektine eine allergische Reaktion abschwächen können und positive Auswirkungen auf die Gesundheit besitzen. Bei zellulären Untersuchungen wurde bewiesen, dass die positiven Eigenschaften der Lektine die Entstehung von Dickdarmkrebs hemmen können.

Die einzige Untersuchung, die die Verträglichkeit von Weizenlektin an Menschen untersucht hat, ist mittlerweile etwas über 40 Jahre alt. In dieser Untersuchung wurde lediglich unverarbeitetes Weizen-Agglutinin aus dem rohen Korn im Magen-Darm-Trakt von sechs gesunden Menschen getestet. Das Ergebnis war, dass sie den menschlichen intestinal Trakt unbeschadet passiert haben. Das Problem an dieser Untersuchung war zum einen, dass sie nur vier Tage angedauert hat und zum anderen, dass nur sechs gesunde Menschen daran teilgenommen haben. Zu den Nebenwirkungen und Langzeitfolgen wurde nichts berichtet.

Sie werden es sich wahrscheinlich auch denken, dass bei so einer kleinen Teilnehmerzahl, das Ergebnis und die Studie im Allgemeinen unmöglich als handfeste und eindeutige Studie angesehen werden kann.

In der allgemeinen Bevölkerung wurde bisher noch niemand bei dem Verzehr von Vollkorn-Produkten begleitet, um eventuelle negative Auswirkungen zu beobachten und zu notieren. Damit die Untersuchungen bzw. Studien aussagekräftig genug sind, müssen sehr viele Menschen daran teilnehmen. Sie werden in zwei Gruppen aufgeteilt, wo in der einen Gruppe zum Beispiel Weizenlektin in der Ernährung vorkommt und in der anderen Gruppe nicht. Es ist außerdem für die Wertbarkeit wichtig, dass die teilnehmenden Menschen, die über einen längeren Zeitraum begleitet werden, sich in ihren Merkmalen ähneln. Das wäre das Alter,

Körpergewicht, Bildung, Rauchen und ob sie Vorerkrankungen haben. Dies ist nötig, um überhaupt vergleichen zu können und so die eventuelle Auswirkung von Weizenlektin auf die Gesundheit feststellen zu können. Das Problem an dem Ganzen ist jedoch, dass aussagekräftige und solide Ernährungsstudien sehr teuer und aufwändig sind. Dies mag wohl auch der Grund sein, weshalb es so wenig hierzu zu finden gibt. Und dies ist auch der Grund, weshalb die vorhandenen Studien nicht zu 100 Prozent glaubwürdig sind.

Obst und Gemüse sind wichtig

S chon im Kindesalter wird den meisten beigebracht, dass sowohl Obst als auch Gemüse für die Gesundheit wichtig sind. Es gibt viele wissenschaftliche Untersuchungen und Forschungen zu der gesundheitsfördernden Auswirkung auf den Körper. Vor allem die Vitamine, Mineralstoffe, die Ballaststoffe aber auch die sekundären Pflanzenstoffe und ja, auch Lektin gehört wie Sie gelernt haben dazu. Diese Inhaltsstoffe sorgen dafür, dass das Immunsystem gestärkt wird und der Körper seine Funktionen richtig umsetzen kann, so dass Sie vor Krankheiten besser geschützt sind.

Die im Gemüse und Obst enthaltenen Mineralstoffe und Vitamine sind für den Körper wichtig, um zu überleben. Für verschiedene Zellen, Knochen und für die Blutkörperchen sind die unterschiedlichen Vitamine von Nöten. Sie sind außerdem an der Kommunikation zwischen Muskeln und Nerven sowie an dem Stoffwechsel beteiligt. So ist für die Verwertung des aufgenommenen Kalziums das Vitamin D zuständig. Für das Sehvermögen und für die Augengesundheit ist Vitamin A von sehr hoher Bedeutung, aber auch das Vitamin C ist für die Gesundheit sehr förderlich, es stärkt das Immunsystem, wodurch das Auftreten von Krankheiten verringert wird. Da die meisten Mineralstoffe und Vitamine nicht im Körper selbst hergestellt werden können, müssen Sie diese über die Nahrung aufnehmen.

Pflanzenfasern können von Menschen nicht oder nur zum Teil verdaut werden. Aus diesem Grunde sind die Pflanzenfasern, also Ballaststoffe, für eine gesunde Verdauung wichtig. Sie befinden sich fast ausschließlich nur in pflanzlichen

Lebensmitteln und tragen zu einem angenehmen Sättigungseffekt bei. Aufgrund der Darmtätigkeitsfördernden Eigenschaft beugt es Magen-Darm-Beschwerden vor und es senkt sogar den Cholesterinwert im Blut und besitzt außerdem einen positiven Einfluss auf den Blutzucker. Dies ist der Grund, weshalb das Risiko an einem Herzinfarkt, Übergewicht, Bluthochdruck oder Diabetes zu erkranken geringer ist, wenn Sie jeden Tag Ballaststoffe essen.

30g Ballaststoffe sollten pro Tag verzehrt werden, empfiehlt die deutsche Gesellschaft für Ernährung (DGE). Sie können den Bedarf nicht nur mit Vollkorngetreide decken. Sie sollten zum Beispiel auf Bananen, Äpfel, Möhren, Rosenkohl, Kartoffeln oder Hülsenfrüchte zurückgreifen. Bei der Zubereitung der Kartoffeln und Hülsenfrüchte, denken Sie an die richtige Zubereitung, wie sie bereits erwähnt wurde.

In den vergangenen Jahren gelangten Wissenschaftler zu der Erkenntnis, dass die sekundären Pflanzenstoffe eine antibakterielle und entzündungshemmende Wirkung besitzen und das Risiko an bestimmten Herz-Kreislauf- und

Krebserkrankungen zu erkranken, gesenkt wird. Unter den rund 100.000 sekundären Pflanzenstoffen sind die Polyphenole jedoch die bekanntesten. Sie binden freie Radikale und schützen vor oxidativem Stress. Aufgrund der fehlenden bzw. nicht abgeschlossenen Untersuchungen zu den Eigenschaften dieser Stoffe, gibt es bisher auch noch keine Empfehlung, wie viel Sie davon am Tag zu sich nehmen sollten.

Was haben Sie gelernt?

Nachdem Sie dieses Buch gelesen haben, wissen Sie nun was sich hinter dem Mythos der Lektine verbirgt. Sie sind nicht grundsätzlich ungesund und schädlich, sondern sehr vielfältig in ihren Wirkungen auf den Organismus. Nahrungsmittel dürfen nicht auf ihre einzelnen Substanzen reduziert werden, denn sie wirken immer in Verbindung mit anderen Substanzen. Sie müssen stets den ganzheitlichen und den systematischen Aspekt betrachten.

Wie bei fast allen Dingen macht auch hier

wieder die Dosis das Gift und alles was Sie übermäßig tun wird höchstwahrscheinlich negative Auswirkungen hervorrufen. Etwas was für den einen bekömmlich ist, ist für den anderen nicht bekömmlich. Deshalb sollte nie pauschal gesagt werden, dass jene Stoffe und Gemüse Menschen krank machen. Es gibt natürlich Ausnahmen, dies sind jene Menschen, die von Natur aus empfindlich auf bestimmte Nahrungsmittel reagieren und jene, die eine Erkrankung haben, die durch die Lektine gegebenenfalls verschlimmert werden könnten. Werden die Lebensmittel jedoch richtig zubereitet, gibt es keinen Grund zur Sorge und keinen Grund, um auf Gemüse zu verzichten. Ein gesunder Mensch wird nicht krank, weil er Lektine isst, sondern wenn ein Problem daraus entsteht, ist es vielmehr die gewisse Disposition gegenüber Lektinen oder Krankheiten. Denn der gesundheitliche Nutzen von Gemüse und Obst ist viel höher als die negative Auswirkung einzelner Lektine, die nicht in Verbindung mit den anderen wirksamen Stoffen der Pflanze, getestet wurden.

Herstellung und Verlag:

BoD – Books on Demand, Norderstedt

ISBN: 9783751905954

1. Auflage

Kontakt: Psiana eCom UG/ Berumer Str. 44/ 26844 Jemgum

Covergestaltung: Fenna Larsson

Coverfoto: depositphotos.com